KB272980

인터넷, PC방에도 없는 별난 이야기

김영진 엮음

문지사

　지구촌은 넓고 얘깃거리들도 많다.
못 말릴 사건들이 날이면 날마다 여기저기서 앞뒤
가리지 않고 발생하기 때문이다.

　우리가 항상 접하게 되는 일간지와 주간지, 잡지
등은 그야말로 쏟아붓기라도 하듯 온갖 종류의 이
야기를 앞다투어 소개한다. 그것들 중에는 당연히
재미있고 희한한 내용도 많고, 상식적으로 믿기
힘든 놀라운, 가슴이 찡해지도록 감동적인 이야기
들도 있다.
　한데, 그것들 중에는 1회용 읽을거리로 버리기에
는 너무나 아깝다고 생각되는 내용들이 의외로 많
다는 점이 나의 촉각을 건드렸다. 따라서 그런 작
은 이야기들을 한데 모아 책으로 엮는다면, 바쁜
일상 생활에 쫓겨 지친 현대인들이 읽고 미소지으
며 한동안이나마 스트레스를 해소시킬 수 있는 별
난 치료제가 되지 않을까……라는 생각을 자연스

럽게 갖게 되었다. 그것이 이 책자를 만들게 된 동기라고 말할 수 있다.

이 책의 특징은 한 마디로 말해서 '재미있는 이야기들만의 모음집'이다. 이 책을 읽을 때는 너무 진지해지지 마시기 바란다. 아무쪼록 성인만화를 보는 것처럼 가벼운 마음으로 삶의 양념들을 조금씩 맛보시기 바란다.

이 책에 실린 내용들은 대체적으로 1995년 초부터 2002년 11월 말까지 소개된 사건과 이야기들을 재구성하여 만들어졌다.

2002년 12월 초
김 영진

1. 미스터리

6. 원 세상에, 어떻게 이런 일이

7. 억세게 재수 없는 사람들

1
미스터리

바람이 불면 방울소리를 내는 바위

중국 산동성 염소에서 동쪽으로 약 2.5킬로미터 떨어진 곳에 석탄처럼 검은 빛을 띤 추정 중량 3톤 가량의 커다란 바위가 주위 환경과 전혀 어울리지 않게 놓여 있다. 그런데 이 바위는 평상시에 두드리면 둔탁한 소리를 내지만 바람이 불면 '찌링 찌링!' 하고 방울 같은 맑은 소리를 낸다고 한다.

더 이상한 일은 비가 오면 즉시 그 빗물을 증발시키기 때문에 비 오는 날이면 이 바위만 완전히 말라 있는 모습을 하고 있다는 것이다.

그 지방 향토 학자의 기록에 의하면 이 바위는 지금부터 500여년 전에 하늘에서 떨어진 물체라고 한다. 어쩌면 우주에서 날아온 신비한 운석인지도 모른다.

199개나 되는 돌이
숲처럼 서 있는 마을

 아프리카 탄자니아의 타포라 남서 쪽에 위치한 네르베트 마을에 사람들로부터 '악마의 석림[돌숲]'이라고 불리우는 곳이 있다.

 여기에 서 있는 석림은 높이 1미터, 두께 10센티미터의 초승달 모양과 높이 2미터 두께 20센티미터의 마름모꼴. 높이 1미터 두께 5센티미터의 6각형 이외에도 8종류의 다른 모양의 돌이 무려 199개나 자리잡고 있다.

 부락민이 이 지대를 '악마의 석림'이라고 부르는 이유는, 이 석림 사이를 거쳐 가는 사람은 예외없이 몸이 마비되거나 심한 두통에 시달리기 때문이다.

 마을에 남아 있는 기록에 의하면, 이 석림은 6백여년 전부터 그곳에 있어왔는데, 누가 어디서 왜 이 기괴한 돌을 운반하여 왔는지 모른다는 것이다.

한 고고학자가 이 석림을 항공사진으로 촬영해 본 결과 전체 모습이 뭔가를 나타내는 문자로 구성되어 있다는 사실이다. 그러나 지금까지 그것을 해독하지 못한체 궁금증을 더해 주고 있다.

현재 지구상에서 쓰여지고 있는 문자와는 전혀 다르다는 사실을 알고 있을 뿐이다. 때문에 고고학자들은 오늘도 수수께끼를 풀기 위해 고심하고 있다고 한다.

용의 꼬리와 여의주가 있다

일본 오이타현를 둘러싼 영봉이 이어져 있는 야쓰라야마(八面山). 그 산 정상의 큰 연못에는 예로부터 용에 대한 전설이 남아 있다. 뱀처럼 부드러운 몸과 4개의 다리, 강한 꼬리를 가진 용은 마음대로 하늘을 날아다녔다고 한다. 그렇다면 그 용은 과연 실제로 존재했던 것일까? 용에 대한 전설이 기록된 고문서를 보관하고 있는 나카쓰 시의 지소데라(自性侍)에는 용의 여의주가 아직까지 남아 있다고 한다.

이야기는 2백년 전으로 거슬러 올라간다.

그 해, 마을에는 비가 오지 않았다. 심한 가뭄으로 곤경에 빠진 마을 사람들이 카이몽 셍카쿠(海門禪格)에게 비를 내려 달라고 기도를 하자, 호수에서 여룡(女龍)의 혼령이 나타나 자신에게 공양을 해준다면 비를 내려주겠노라고 말했다. 그 요구를 받아들이자, 용은 답례로 구슬을 남기고 사라졌다.

 그 용의 구슬은 지금까지도 남아 있으며 소중히 보관되어 있다고 한다.

 지쇼데라 절간에 소중하게 보관되어 있는 나무 상자 속에는 지름이 약 6센티미터, 무게 20그램인 구슬이 들어 있다. 그 구슬은 보기 보다 가볍고 표면 전체적에는 반점이 있으며 빛을 반사시키면서 신비하게 빛나고 있다. 여의주라는 것은 원래 이처럼 반점 투성이었을까? 정말 그것은 용의 일부일까? 확인할 수 없는 수수께끼는 깊어만 갈 뿐이다.

 미에초우(二重訂)에 있는 렌죠지(蓮城侍)는 매우 오래 된 절로서 1400년 전에 건립되었다. 그 무렵 마을 농부가 땅을 개간하고 있었는데, 부부용이 작업을 방해하기 때문인지 일이 도무지 진척되지 않았다. 그래서 검 8자루를 호수에 가라앉히고 기도를 하자, 용이 수면 위로 하늘 높이 날아오르며 도망쳤다. 그 때 용의 꼬리만이 그대로 지상에 남았다고 전해지는데, 렌죠지에는 아직까지도 용의 꼬리가 보존되어 있다.

 "이것이 지금까지 보관되고 있는 용의 꼬리입니다."

주지가 뚜껑을 연 상자 속에는 가늘고 억센 채찍 모양의 길이가 약 1미터 정도 되는 용의 꼬리가 들어 있는 것이 아닌가.

지구상의 어느 동물에게서도 볼 수 없는 돌기가 나 있는 그 꼬리는 뼈가 들여다보였는데, 뱀의 표피와는 전혀 달랐다. 그 돌기는 어쩌면 물 속을 자유롭게 돌아다니기 위한 것이었는지도 모른다. 아니면 위험을 재빨리 알아차리기 위한 촉각 같은 역할을 했을지도 모른다.

매일 같은 시각에
돌비가 내리는 마을

인도네시아의 수마트라 반카섬에 있는 라유시 마을은 3백호 정도의 작은 어촌인데, 이상하게도 매일 오후 2시 18분이 되면 어김없이 돌비가 내린다는 것이다.

이 돌비는 팥알 정도의 가벼운 돌알로서 2분 정도 '쏴아—'하고 내리고는 그친다고 하는데, 어느덧 30년 이상이나 매일 같은 시각에 지금도 내리고 있으며, 그 때문에 온 마을은 돌투성이가 되어 버렸다.

이 마을 가까이에 몇 개의 마을이 더 있는데, 거기에는 한 번도 돌비가 내린 적이 없다고 한다.

돌은 손으로 쥐기만 해도 가루가 되고말 정도로 가볍다고 한다.

불면증을 고치는 돌베개

스페인 동부의 타마리테에서 북으로 80킬로미터가량 떨어진 곳에 직경 20센티미터, 길이 1미터의 새빨간 반투명의 돌이 5개가 있다. 현지인들은 그 돌을 돌베개라 부르고 있는데, 돌 한복판에 사람이 머리를 편하게 얹을 수 있을 정도로 패여 있어 거기에 머리를 얹고 누우면 아무리 심한 불면증을 가진 사람일지라도 1분도 채 지나지 않아 숙면에 빠진다고 한다. 그래서 그곳 사람들이 돌베개라고 부르게 된 유래이다.

이 돌이 발견된 지 백 수십 년이 지났는데 학자들은 그러한 현상이 어떤 파장이 작용하고 있는 것이 아닐까 추측하고 있을 뿐이다. 그 이상의 자세한 내용은 현재까지 분명하게 밝혀진 것이 없다.

3년에 한 번
공포의 거품을 분출하는 돌

케냐의 무소타치 남동 쪽에 위치한 샤므샤포 부락에는 추정 중량 5천 톤의 달걀 모양의 새까맣고 거대한 돌이 있다. 이 돌의 표면이 거울처럼 번쩍번쩍 빛나며 윗부분에 직경 5센티미터 정도의 막자사발[알약 같은 것을 갈아서 가루로 만드는 데 쓰는 사기 그릇] 모양으로 패인 곳이 있는데, 3년에 한 번 새하얀 크림 모양의 거품을 분출한다.

이 거품에 닿으면 사람은 물론 동물의 피부라도 화상을 입은 것처럼 검게 그을린다는 것이다. 그 원인이 아직까지도 분명하게 밝혀지지 않고 있다.

포플러 나무가
성모 마리아상으로 변신

폴란드 수도 바르샤바에서 남동 쪽으로 약 150킬로미터 떨어진 곳에 있는 푸와바 시에서 기적이 일어났다. 인구 6만 정도의 화학공업 도시인 이곳의 중심거리에 있는 푸와바 종합 병원의 작은 공원이 바로 기적이 일어난 장소이다. 환자들의 휴식 공간이기도 한 공원 담장을 따라 한 그루의 포플러 나무와 8그루의 보리수 나무가 짙은 그늘을 드리우고 서 있는데, 기적은 그 포플러 나무에서 나타났다. 한아름이나 되는 나무의 밑동에서 약 2미터 정도의 높이에 혹이 나 있었는데, 그 나무의 혹이 어느 날 갑자기 성모 마리아의 모습으로 변했던 것이다.

무심히 보면 평범한 포플러 나무의 밑동 같은 혹인데, 자세히 보면, 과연 성모 마리아의 얼굴을 닮아 있었다.

“바로, 이것이 기적입니까?”

“그래요. 자, 여기가 얼굴, 그리고 손, 예수님을 안고 있죠. 여기가 발……”

하고 71세의 할머니가 열을 올리며 설명한다.

1984년 6월 어느날, 처음으로 한 간호사가 그 형상을 발견했다. 그리고 소문은 순식간에 퍼져 나갔다.

5천 명 이상이나 되는 남녀노소가 몰려드는 바람에 도로는 차로 메워지고, 포플러 나무를 중심으로 해서 공원 이곳저곳에 촛불이 켜졌으며 밤늦게까지 기도하는 사람들로 하여 입추의 여지가 없었다는 것이다.

이 포플러 나무의 밑동에는 안경이나 목발들이 놓여져 있었는데, 그것은 눈이 나빴던 사람이 밝아지게 되고 다리에 부상을 입었던 사람들이 완쾌되어 기념으로 두고간 표시라고 한다.

붉은 피가 나오는 밀림지대

  캄보디아와 태국 국경 가까이에 펼쳐져 있는 후칸나다 정글은 현지인들에게 '피의 밀림'이라고 불리우는 두려움의 대상이다. 이 밀림의 한가운데 어떤 나무를 흔들어도 핏빛 물방울이 떨어진다. 이 물방울이 옷에 묻으면 아무리 세탁해도 빠지지 않으며, 피부에 닿으면 버짐처럼 남아 혐오감을 주는데, 현대 의학으로도 고쳐지지 않는다는 것이다.

  이 빨간 물방울을 과학적으로 검사해 봤더니 인간의 혈액 A형과 똑같았다니 매우 놀라운 일이 아닐 수 없다.

  하지만, 어떻게 해서 이 정글의 한가운 데에 있는 나무들이 그와 같은 현상을 일으키게 되었는지, 지금까지도 밝혀지지 않는 수수께끼이다.

악취를 풍겨 죽음으로
유인하는 농무

아프리카 콩고의 이룸 지방 분지에서 살고 있는 수백 명의 타포치족은 매년 7월 12일이 되면 2일 동안 피난처를 찾아 집을 버리고 모두 떠나기 때문에 유령의 마을처럼 텅 비고 만다.

그들이 거주지를 떠나는 이유는 12일 밤부터 이곳 분지 전체가 10센티미터 앞도 보이지 않는 악취가 짙은 안개에 둘러싸이기 때문이다. 흡사 독가스와 같은 이 안개를 흡입하면 숨이 가빠지는데, 심하면 죽는 사람까지 생겨난다는 것이다.

그런데 14일 아침이 되면, 이 살인 안개는 거짓말처럼 사라지고 만다니 정말 이상한 현상이다. 어째서 그런 지독한 안개가 발생하는지 그 원인을 지금까지 알지 못 한다.

소용돌이가 일어나는
기분 나쁜 호수

 옛 소련의 카자흐스탄 츠르가이 북동 쪽에 있는 챠쿠타호는 기분 나쁜 호수라고 말할 수 있다.

 이 호수의 물은 이상하게도 좌우 반대로 소용돌이치고 있는데 가끔, 그 물결의 방향이 바뀐다는 것이다.

 물의 흐름이 거의 없는 호수가 왜 소용돌이치는 것일까? 게다가 좌우 반대로 물결의 흐름이, 그 소용돌이의 방향이 가끔 바뀐다……

 지금까지 많은 학자들은 그 원인을 전혀 밝혀 내지 못 하고 있다.

손뼉을 치면 물이 솟아오르는 샘

 아프리카 수단의 가라바트 서쪽 3킬로미터 가까운 곳에 이상한 땅 속의 샘이 있다.
 이 샘은 보통 때는 물 한 방울 없는 바싹 마른 모래땅이지만, 물이 필요할 때 그 곳에 가서 두 손바닥으로 '짝짝—짝짝—짝'하고 다섯번 손뼉을 치면 이상하게도 맑은 물이 솟아 오른다고 한다.
 이 물은 매우 차며 사이다 같은 맛을 가지고 있다고 알려져 있다.

달이 3개 보이는 지방

아프리카 수단의 누바산맥에 위치해 있는 타로지 지방에서는 매년 2월·5월·8월 중순 밤이 되면 동시에 달이 3개씩이나 떠올라 사람들을 놀라게 만든다. 달은 때에 따라 둥근 달이 되기도 하고 초승달로 모양이 바뀐다.

3개의 달이 동시에 떠오르는 현상은 이미 수십년이나 계속되었다는 것이다. 현지인들은 악마의 장난이라고 생각하고 있으며, 그런 밤이면 집 속에 숨어 바깥 출입을 삼간다.

이런 현상의 진짜 원인은 기상조건의 변화에 의한 것이 틀림없지만 분명한 원인을 알아내지 못하고 있으며, 지금도 그런 일이 계속되고 있다는 것이다.

99개의 모퉁이가 있는
수수께끼 동굴

몽골 한가히 산맥 서쪽에는 남에서 북으로 빠지는 99개의 모퉁이가 있는 이상한 동굴이 있다. 이 동굴은 높이 1.7미터 가로 60센티미터 정도의 너비를 가지고 있는데, 길이가 직선으로 해도 4킬로미터으로 99개의 모퉁이가 있는데, 남과 북의 입구에서 말하면 마치 바로 옆에 있는 사람과 얘기하고 있는 것처럼 분명하게 들린다고 한다.

이 수수께끼의 동굴은 언제 누구에 의해서 만들어졌는지, 또 그 용도를 알 수 없다. 원주민들의 얘기에 의하면 백여년 전부터 있었던 모양이다.

나타났다가 사라지는 6각탑

"좀처럼 나타나지 않는군요……."

캄보디아 프놈펜 대학의 피그 교수가 옆에 있는 레테에게 조용히 말했다. 교수와 그의 조수, 그리고 레테, 세 사람은 벌써 1주일 전부터 산중턱을 응시하며 카메라를 고정시키고 있었다. 북부 야무노프 산간 마을 중턱에는 수십년 전부터 환상처럼 고탑이 가끔 모습을 보인다는 이야기가 전해지고 있었는데, 원주민 목격자가 무려 수십 명을 넘고 있어 떠도는 말이 헛소문이 아님을 증명해 주고 있다.

의사인 레테도 한 번 경험한 적이 있는데, 그 고탑은 12~13미터 가량의 높이로 전체가 황금색으로 빛나는 6각형의 모형은 당나라 형식이었다.

고탑은 마치 신기루처럼 나타났다가 곧 사라지곤 했는데, 어떤 때는 원주민들 여러 명이 아주 가까운 거리에서 올려다 본 적도 있었다니 신기루라고 막연하게 생각할 대상이 아니었다. 그래서 레테는 나무 하나 없는 민둥산에서 갑자기 모습을 보이는 고탑의 수수께끼를 조사하기 위해 피그 교수를 데리고 왔던 것이다.

잠복을 시작한 지 12일째 되던 날, 그들의 입에서 탄성이 터져나왔다,

"앗! 탑이다!"

태양빛을 받아 반짝반짝 빛나는 6각탑이 흐린 안개처럼 나타나더니 뚜렷하게 모습을 보였다.

세 사람은 서둘러 몇 장의 사진 촬영을 했다.

이 수수께끼의 6각탑은 약 8분 후에 연기처럼 사라져 자취를 감추었다.

피그 교수 일행은 탑의 수수께끼를 풀기 위하여 연구를 거듭하고 있지만, 1년에 1~2회 정도 밖에 모습을 보이는 고탑의 정체는, 왜? 그 같은 모양으로 나타나는지, 왜 사라지는지, 현재까지 수수께끼를 풀지 못하고 있는 실정이다.

비밀의 삼각지대

　미국 캘리포니아주 모롱고 바레이의 한적한 별장에서 휴가를 즐기고 있던 울랜드 피터스 부부는 어느 날 동틀 무렵 뒷문을 두들기는 소리에 잠이 깼다. 피터스가 문을 열고 내다보니 허름한 옷차림을 한 노인이 길을 잃어버렸다면서 난처한 표정을 짓고 서 있었다.

　"가는 길이 어느 쪽이고, 되돌아가는 길은 어느 쪽인지 빨리 찾지 않으면 돌아갈 수 없게 되는데……."

　노인은 그렇게 중얼거리더니 사방을 두리번거리면서 뒤돌아 걷기 시작했다. 서둘러 옷을 갈아 입은 피터스 부부는 노인이 가엾어서 길을 찾아줄 양으로 그 뒤를 따라 나섰다.

　피터스 부부와 동행하면서 노인은 이 근방이 미개척지였을 까마득한 시절의 일을 혼잣말처럼 중얼거리다가, 골짜기 한가운데에 이르자 갑자기 소리쳤다.

"여기구나! 돌아가는 길이!"

노인이 급한 걸음으로 길에서 한 발짝 내딛는 순간, 그의 모습은 홀연히 이들 부부 앞에서 사라져 버렸다. 눈깜짝할 사이에 일어난 일이어서 피터스 부부는 자신들의 눈을 의심할 수밖에 없었다.

지난 날, 이 지대에서 증발하듯 여행하던 사람이 사라져 버리는 이상한 사건이 일어나 세간의 주목을 받기도 했다. 언젠가는 유카바레이 근처의 도로를 달리고 있던 캠핑 카가 갑자기 사라졌다. 뒤따르던 두 대의 운전자들은 마치 여우에 홀린 것 같았다고 그 당시를 증언하고 있다.

이 같은 괴상한 사건이 연이어 일어나고 있는 곳은 로스앤젤레스에서 동쪽으로 150킬로미터 떨어진 고원지대로, 재슈어 트리 내셔널 모뉴머트라고 불리우는 관광지대이다. 팜 스프링스, 재슈어 트리, 유카바레이 등 세 개의 마을이 역삼각형을 이루고 있는 지점으로 사람들은 이 지역을 '재슈어 트라이앵글'이라고 부른다. 이 삼각지대는 상당히 오래 전부터 이상한 현상이 자주 일어나 주목을 받던 곳이다.

1987년 1월에는 캠핑 카를 타고 가던 네 사람이

반짝거리는 기묘한 빛을 발견하고 차를 멈추었다. 좀더 가까이 다가가서 자세히 보려고 네 사람은 꾸불꾸불한 길을 지나 트라이앵글 안으로 들어갔다.

괴상한 빛을 쫓아 언덕 위로 올라갔더니, 5~6백 미터 떨어진 곳에 커다란 눈을 반짝이는 기묘한 생물이 있었다. 그 생물의 생김새나 형상으로 보아 로봇이거나 아니면 안드로이드[android : 인간의 모습을 가진 로봇이나 지적 생명체]의 한 종류라고 생각되었다. 그에게 어떻게든 접근하려고 했으나 동이 트자 홀연히 어디로인가 사라져 버렸다.

재슈어 트라이앵글 속에서 일어나는 이와 같은 현상을 명확하게 설명할 수는 없다. 그러나 예로부터 이러한 지대를 흔히 창문, 출입구, 또는 차원의 단층이라고 불렀다.

그 곳은 이 세상에서 상상할 수 없는 전혀 모습이 다른 괴상한 물체가 출현하기도 하고, 인간 세계의 것이 소멸하기도 하는 다른 차원으로 통하는 문이 있다고 생각된다.

안개 낀 하이웨이에서 차가 사라지다

1967년 5월, 스위스 산고탈 고개에 짙은 안개가 끼어 있었다. 그 안개 낀 고속도로를 두 대의 스포츠 카가 엔진 소리를 가볍게 달리고 있었다.

소미오는 안전 거리를 유지하면서 뒤를 따라 달려오는 친구 프리드의 차를 백 미러를 통해 바라보았다. 분명하게 보이지는 않았지만, 프리드는 신명이 나 있을 것이다.

소미오가 속력을 늦추자 프리드의 차가 바로 따라 붙었다. 두 사람은 차를 가지런히 하고 달리면서 두세 마디 대화를 교환했다.

소미오는 자기 차의 헤드라이트를 켜면서 앞서 달리는 프리드의 뒤를 쫓기 시작했다. 두 사람의 차는 안개 낀 고속도로를 앞서거니 뒤서거니 하면서 달리고 있었는데, 소미오가 갑자기 눈을 치뜨며 중얼거렸다.

"아니! 저건?"

　수십 미터 앞서 달리고 있던 프리드의 차가 난데 없이 나타난 하얀 증기 같은 것에 둘러싸여 점점 그림자처럼 사라져가고 있었다. 영화 같은 장면이 었다.

"프리드! 프리드!"

　달려가자마자 차에서 뛰어내린 소미오는 크게 소리치며 친구를 찾았지만, 프리드는 물론 그의 차도 발견할 수 없었다.

　그 도로는 양쪽이 모두 둑으로 방비벽을 설치하고 있어서 차와 함께 숨겨질 장소가 아니었다. 소미오는 혹시나 하는 생각에 차를 오던 길로 되돌려 조사해 봤으나 프리드의 행방은 묘연했다.

"프리드가 차와 함께 사라지고 말았다."

　20분 후 달려온 순찰 경관에게 그 상황을 자세하게 얘기했지만, 경관은 그의 말을 믿기는커녕 오히려 정신이상자로 취급하며 조사와 정신 검사를 받게 했다.

　물론 소미오에게서는 아무런 이상도 발견되지 않았다. 그로부터 수일 후 안개 낀 어느 날의 오후 5시경에 012라는 표식이 있는 고속도로에서 펑크난 타이어를 바꾸어 끼우던 회사원 엘르스는 어느 지점이라고 분명히 말할 수 없는 곳에서 들려오는 노랫소리 같은 흥얼거림을 들었다. 그 노랫소리는 수일 전에 사라진 프리드가 즐겨 부르던 '오! 블르네리'라는 곡이었다.

물론 엘르스는 그 곳에서 프리드가 사라진 사건에 대해서는 전혀 몰랐다.

그리고 며칠 후 오후 5시에 안개 낀 그 지역을 통과한 다른 차의 운전자도 똑같은 노랫소리를 들었다고 한다.

하지만, 아직까지 프리드도, 그가 타고 있던 차도 발견할 수 없고, 그를 보았다는 사람조차 나타나지 않고 있다.

이 증발 사건에 대해 스위스 대학의 슈프트 교수는 단정하듯 말하고 있다.

"프리드는 4차원의 벽에 빨려들어가고만 것이 아닐까, 4차원의 세계를 공상이라는 의견도 있지만, 나는 분명 4차원은 존재한다고 믿고 있습니다. 증발사건은 모두 4차원의 세계로 사라진 것이죠."

초승달 모양의 '악마의 회랑'

세계에서 제일 무서운 바다가 대서양 연안에 있는 버뮤다 삼각지대라면, 육지에서 제일 무서운 곳은 '악마의 회랑'이라고 말할 수 있다. 무서운 이름을 가진 이 땅은 북미 대륙의 태평양 연안, 캘리포니아주 북부에서 오리건주, 워싱턴주를 거쳐 캐나다에 이르는 실로 거대한 초승달 모양의 지대를 말한다.

이 악마의 회랑에는 예로부터 인디언의 성지로 알려진 캘리포니아주의 샤스타산과 UFO 소동의 시초가 되었던 워싱턴주의 레이니어산도 포함되어 있다.

특히 이상한 일은 최근에 미군기가 레이니어산에 추락한 사건이다. 이 사고로 해군 병사 5명이 희생되었는데, 놀랍게도 40년 전에 미해군의 C-46 수송기가 추락하여 32명의 사망자를 낸 사고 현장의 바로 옆이라는 사실이다.

　이곳 악마의 회랑에서는 비행기 추락 사고뿐만 아니라 수상 사고도 꼬리를 잇고 있다는 데 주목해야 한다.

　시애틀에 거주하는 세 명의 낚시꾼이 보트를 타고 퓨겟 사운드(워싱턴주 북서부 해안)로 나갔는데, 이어 행방불명이 되었으며, 끝내 찾지 못했다. 그 날은 날씨도 좋았고 바다도 잔잔해 기상 때문에 사고가 일어날 확률은 거의 없었다.

　또 윌리엄 애스터 블록이란 어부가 실종된 곳도 바로 이 지대였다. 연안 경비대의 헬리콥터가 해안에 떠 있는 보트를 발견하고 가까이 내려가 보았더니, 부근의 어디에서도 고장난 엔진을 수리하다 증발되었는지 갑판에는 공구만 흩어져 있을 뿐 그의 모습은 보이지 않았다.

　이곳 악마의 회랑에서는 비행기나 배가 흔적도 없이 자취를 감추는 사건이 연이어 일어나고 있으며, 이미 수십 명이나 되는 사람들이 어디론가로 사라졌다고 한다.

2
유령 이야기

하숙집 유경

한동안 원로 작가인 M씨의 만화 스토리를 쓴 적이 있었다. 어느 날 그 분께서 이런 말씀을 하셨다.

"여보게, 여름이 다가오니 으스스한 귀신 이야기를 써 보는 것이 어때? 아무래도 더운 여름에는 납량 이야기가 시원하니까."

"그러지요, 뭐……. 한데 선생님께서는 정말로 귀신이 있다고 생각하십니까?"

내가 심심풀이로 반문했더니 M씨께서는 정색을 하며 말씀하셨다.

"이 사람아! 있다고 생각하십니까가 뭐야? 귀신은 엄연히 존재하지. 특히 일본에는 귀신이 많아. 왜냐 하면 자살하는 사람들이 많아서지."

"네? 그래요? 그럼 선생님은 귀신을 직접 본 적이 있으신가요?"

"당연하지. 내가 본 귀신 이야기를 하나 해 줄

까?"

정색을 하며 M씨께서는 귀신의 존재를 인정하지 않을 수 없는 이야기를 해 주셨다.

M씨는 젊었을 때 일본에 유학하여 그림 공부를 했는데, 일본 사람의 집 이층방에서 하숙을 하고 있었다고 한다.

한데 어느 날 학교에서 돌아와 자기 방에 들어가 보니 웬 아가씨가 책상에 앉아 책을 뒤적이고 있었다.

이상하게 생각한 M씨는 화를 내며 물었다.

"아가씨는 도대체 누구요? 누군데 허락도 받지 않고 남의 방에 들어와 있는 거요?"

그러자 아가씨는 슬며시 일어나서 창문 쪽으로 뒷걸음질쳤다. 이어서 창백한 얼굴을 가진 그녀는 힐끗 쳐다보고는 창문 밖으로 나가 버렸다.

잠시 후 그녀가 사라진 일을 생각해 보니 상황이 이상했다. M씨의 하숙방이 2층에 자리잡고 있었기 때문이다.

'그 아가씨는 정원으로 뛰어내린 것일까? 하지만, 그녀가 땅을 밟는 소리를 듣지 못한 것 같은데?'

여기까지 생각이 미치자, M씨는 재빨리 창가로 다가 서서 아래를 내려다보았다. 아가씨의 모습은

보이지 않았고, 희미한 어둠 속에 마침 가을밤이
어서 귀뚜라미가 합창하듯이 울어대고 있을 뿐이
었다.

'정말 이해할 수 없는 일이군. 그 아가씨가 마당
에 떨어지는 소리를 냈다면 귀뚜라미가 놀라 울음
소리를 그쳤을 텐데!'

뭔가에 홀린 것 같은 기분이 들어 M씨는 결국
하숙집 안주인에게 아가씨에 대해서 물었다. 그랬
더니 여주인은 놀라며 이렇게 말했다고 한다.

"아, 우리 딸아이가 찾아왔었군요. 학생이 쓰시는
방은 원래 딸아이의 방이랍니다. 딸아이는 작년에
대학교 입학시험에 실패한 것을 비관하여 목숨을
끊었답니다. 어쨌든 그런 사실을 미리 말씀드리지
못한 것에 대해서는 죄송하게 생각합니다. 그리고
기분이 나빠 다른 곳으로 방을 옮기시겠다면 학생
에게서 받은 두 달치 하숙비는 돌려드리겠습니다."

M씨는 그 때, 너무나 황당해서 대답할 말을 찾지
못했다. 그런 일이 있은 후, 이럭저럭 적지 않은
세월을 살다보니 '그런 일도 있을 수 있겠구나! 이
세상은 하도 오묘한 곳이니……'라고 긍정하는 쪽
으로 생각이 바뀌어졌다는 것이다.

죽은 약사 유령이
손님 맞은 이야기

1976년 4월. 독일에서 일어난 사건이다. 라이프찌히 마을에서 오랫동안 영업을 해 오고 있는 루드비히 약국의 충실한 약제사인 크리스토퍼 모니히라는 남자가 독감이 악화되어 사망했다.

약국 주인은 너무 슬픈 나머지 몸져 누었다. 무엇보다도 찾아오는 손님을 방치한 채 약국 일을 볼 수 없으니 걱정이 이만저만이 아니었다. 그런데 크리스토퍼가 죽은 지 사흘째 되는 날, 약국에 손님이 드나드는 기척이 보였다.

첫 손님은 처방전을 들고서 약국 문을 열었다. 단골인 빵가게 여주인이었다.

그녀는 계산대 옆에 크리스토퍼 망령이 서 있는 모습을 보고 너무 놀라 후들후들 몸을 떨었다. 그러자 크리스토퍼는 한 마디의 말도 없이 그녀의 손에서 처방전을 받아들더니 약장에서 가루약과 물약을 꺼내다가 주었다. 그리고는 약값을 받아 서랍 속에 넣은 뒤에 정중하게 머리를 숙이며 인사까지 했다. 생전의 그대로였다. 놀란 부인은 약국에서 뛰쳐나와 도망치듯이 가게로 돌아왔다.

다음에 온 손님도 똑같은 쇼크를 받았지만 입을 다문 채 약제사 망령에게 처방전을 건네주었다. 그랬더니 망령은 재빨리 큰 병에서 작은 병으로 정제약을 옮기더니 가루약을 넣은 약봉지를 능숙하게 손님에게 주었다.

그 같은 상황을 경험한 손님들은 수십 명이나 되었다. 이미 소문은 온 마을에 퍼져 있었다. 또한 손님들은 크리스토퍼의 망령은 살아 있을 때와 똑같은 모습으로 약을 조제하고, 약병들을 분류하고, 돈을 받고, 약장을 정리하는 광경을 보면서 오싹해지는 공포 속에서도 크게 감동을 받았다고 한다. 병든 주인을 위해 죽어서도 충성을 바치는 헌신이라고 생각했기 때문에……

한데 매우 흥미로운 일이 있었다. 용감한 손님들 중의 몇 사람이 크리스토퍼에게 세상 돌아가는 이야기를 하는 등 대화를 청했다. 하지만 크리스토퍼 망령은 한 마디의 대꾸도 하지 않았는데, 그

대신 표정이나 태도는 변함없이 공손하였으므로 손님들은 불쾌감을 느끼지 않았다고 한다.

그런 어느 날 저녁 때의 일이다. 크리스토퍼 망령은 갑자기 무슨 생각을 했는 지 벽에 걸려 있는 자신의 낡은 외투를 입더니 약국에서 나와 생전에 자주 출입하던 근처 가게로 들어갔다.

점원들이 기겁을 하며 놀란 것은 너무나 당연한 일이다. 망령은 가게를 한 번 휙 둘러보더니 말없이 그 곳에서 나왔다. 이어서 다른 상점으로 들어선 망령은 새파랗게 질린 점원들의 얼굴을 슬픈 빛이 담긴 표정으로 한동안 응시하더니 밖으로 나갔으며, 이어 똑같은 방법으로 마을 상점들 상대로 순회를 계속했다.

그가 알고 있는 점포를 끝까지 모두 둘러본 망령은 이윽고 스적스적 걸어서 공동묘지로 향했다. 그리고는 어떤 무덤 속으로 빨려들어가듯 사라졌다.

한편 그런 일이 일어난 줄도 모르고 장기간의 치료를 끝내고, 다시 약국에 나온 주인은 여러 명의 손님들로부터 그 동안 일어난 이상한 사건에 대해 전해 들었다. 그는 크게 놀랐으며 커다란 감동을 느끼지 않을 수 없었다. 주인은 결국 죽어서까지

책임과 충성을 바친 약제사의 망령을 위해 그의
유품을 정중히 불살라 주었으며 기도회까지 가졌
다.
그 후 크리스토퍼 망령은 두 번 다시 사람들 앞
에 모습을 나타내지 않았다.

엄마를 구한 어린 딸의 혼령

미국 의사협회 회장및 신경학회 회장 등을 역임한 필라델피아가 자랑하는 명의 미첼 박사가 체험한 기묘한 이야기이다.

어느 날 밤, 응급 환자용 벨이 울렸다. 시계는 10시를 가리키고 있었다. 조금 전까지 수술을 끝낸 미첼 박사는 피곤한 몸을 쉬려던 참이었다. 하지만 박사는 흔쾌히 현관문을 열었다. 방문객 여자아이는 한 뼘이나 되는 눈이 쌓여 있는 추운 밤인데 코트도 걸치지 않은 채 서 있었다.

"엄마가 많이 아프세요. 제발 왕진 좀 가 주세요. 부탁드려요."

아이의 눈은 넘쳐 흐르는 눈물로 가득했다. 박사는 도저히 거절할 수 없는 일이라고 판단한 다음, 진료가방을 챙겨 들고 눈이 쌓인 밤길로 나섰다.

여자아이는 미첼 박사가 따라 오는지 어떤지 관심도 없는 것 같았다.

'어머니의 일이 몹시 걱정되는 모양이군.'

미첼 박사는 이런 왕진은 가끔 있는 일이라 대수롭지 않게 생각했다.

여자아이는 가난한 사람들이 많이 사는 지역을 향해서 걸어갔다. 잠시 후, 유난히 초라해 보이는 어떤 집 앞에 도착했다. 문은 잠겨 있지도 않았다. 박사는 팔을 들어 먼저 들어갈 것을 권유하는 여자아이의 눈을 한 번 쳐다보고는 문을 밀치고 집 안으로 들어섰다. 아이는 알듯 모를 듯한 미소를 지어보였다. 추운 날씨임에도 불구하고 집 안에는 화기가 전혀 없었다. 난로는 이미 오랜 전에 차갑게 식어 있었다.

초라한 침대에는 금방이라도 숨이 넘어갈 것 같은 시체처럼 부인이 누워 있었다. 부인은 박사의 방문에 대해 몹시 놀랐지만, 입을 열거나 몸을 일으킬 만한 힘도 없어 보였다.

박사는 부인에게 자신이 의사임을 밝힌 후 재빨리 응급조치를 취하기 시작했다.

"생각보다 나쁘지는 않군. 시간이 조금 지나면 괜찮아지시겠다."

박사는 소녀를 안심시키려는 듯이 조용히, 그러나 자신감이 넘치는 목소리로 말했다. 부인은 급성 폐렴이었지만 생명에는 별 지장이 없었다. 그런데, 아무런 대답이 없었다.

"아니, 이 아이가 어딜 갔을까?"

바삐 치료를 하느라고 깨닫지 못했지만 생각해 보니 아까부터 소녀의 모습이 보이지 않았다. 침대 건너편에는 조금 전에 소녀가 입고 있던 옷이 걸려 있었다. 분명히 같은 옷이었다.

'어느새 갈아 입었을까?'

미첼 박사는 순간적으로 이상한 느낌에 사로잡혔다.

"따님은 어디 갔습니까?"

박사는 침대에 누워 있는 부인에게 물었다. 그녀는 눈을 커다랗게 뜨며 겨우 입을 열어 박사에게 이런 대답을 들려주었다.

"박사님께서 어떻게 오시게 됐는지 모르겠습니다만, 제 딸은 두 달 전에 죽었습니다."

저승에 간 딸이 어머니를 위해 미첼 박사를 보낸 것일까? 하지만, 그런 성급한 결론은 지나친 신비주의일 것 같다. 어머니는 무의식 중에 선량한 의사가 방문해 자신의 병을 치료해 주기를 간절히 바랬을 것이다. 그리고 그 마음이 어떤 작용을 통해 미첼 박사에게 전달된 것이 아닐까.

그렇다면 의사가 본 소녀는 어떻게 된 것일까? 그렇다면 미첼 박사가 헛것을 보았다는 말인가. 결론적으로 말하자면, 우리는 더 이상 아무것도 알 수 없다. 다만, 그 여자아이는 어머니의 간절한 소망과 무의식이 창출한 '그림자' 같은 것이었을지도 모른다는 짐작만 할 수 있을 뿐이다.

첨단 과학을 믿고 합리적 기준에 따라 살아가던 미첼 박사는 지금도 그 때의 일을 생각하면 알 수 없는 두려움이 엄습한다고 말한다.

조난을 알려준 유령

1951년 4월 16일, 영국 해군 소속 잠수함 아프레이호는 75명의 승무원을 태운 채 영국 해협에서 사라졌다.

이 잠수함이 마지막 잠수를 한 지 30분도 지나지 않았을 그 시각에 한 영국 해군 소장 부인은 채널 군도의 하나인 곤다섬 자택에 혼자 있었다.

평상시처럼 자리에 앉아 있던 부인은 순간 소스라치게 놀라며 쓰러질뻔 했다. 잠수함 아프레이호에서 근무하는 기관장교의 유령이 나타났기 때문이었다. 그는 예전에 남편 밑에서 근무한 일이 있는 낯익은 장교였기에 부인은 단번에 유령을 알아볼 수 있었다.

유령은 새파랗게 질린 부인에게 이렇게 말했다.

"소장님께 말씀 전해 주십시오. 해역 북단 세인트 캐더린 곶의 등대로부터 약 110킬로 지점입니다. 전혀 예측하지 못한 사고였습니다."

　그리고 그의 모습은 꺼지는 연기처럼 사라졌다.

　부인은 곧 남편에게 전화를 걸었다. 해군 소장은 잠수함 사고에 대한 보고는 아무 데서도 없었다고 대답해 주었다.

　그로부터 8시간 후, 잠수함 컨트롤 장치에 조난 징조가 나타났다. 부상 신호가 들어올 시각인데 아무런 소식도 없었던 것이다. 즉시 출동한 5척의 구축함이 그 해역 일대를 철저하게 뒤지기 시작했다. 그러나 아프레이호의 행방은 묘연했다. 비상이 발동되고 수색 작전은 계속 이어졌다. 6척의 잠수함이 편대를 이루고 미국 군함, 헬리콥터, 비행기 등의 증원을 얻어 며칠 동안이나 수색을 폈다. 그러나 아무런 성과도 없었다.

　무료한 시간 속에 부분적인 수색 작업만 진행되었다. 두 달 가까이 작전이 계속된 6월 4일, 드디어 구조선 리크레임호로부터 무선 교신이 접수되었다. 리크레임호가 수중 카메라로 해역에 누워 있는 잠수함 아프레이호를 발견했다는 보고였다.

　그 지점은 하아드 해협의 북단이었으며 유령이 알려준 내용에 꼭 들어맞는 위치였다.

영혼의 부탁

노이즈 부부는 버팔로우 고급 주택가인 델라웨이 거리에 있는 큰 벽돌집에서 살고 있었다. 그들은 이 집의 실제 소유주인 백부와 함께 생활하고 있었는데, 노이즈 씨의 백모가 죽은 뒤부터 이상한 일이 일어났다.

정체를 알 수 없는 누군가가 무엇을 두드리는 듯한 소리가 들려와서 이 집에서 살고 있는 사람들을 괴롭히는 이야기이다. 여러 날 온 집안을 둘러보아도 출처가 불분명한 그 소리에 대해서 도저히 합리적인 설명을 할 수가 없었다.

그러던 어느 날, 노이즈 씨는 때마침 백모가 전용으로 쓰던 골방에 있는 옷장을 정리하고 있었다. 생전에 그녀는 그 곳에 선물이라던가, 자신의 사물을 넣어두고 있었는데 물건을 정리하다가 보니 서랍 속에 있는 종이 뭉치가 눈에 띄었다. 그것을 꺼낸 순간, 그를 향해 말하는 또렷한 사람의 목소리를 들었다. 하지만 무슨 말을 하고 있는지 전혀 뜻을 알 수 없었다.

방 안에는 그만이 홀로 있었고, 더군다나 깊은 밤이어서 집 안에서 움직이고 있는 사람은 아무도 없었고 라디오조차 켜져 있지 않았다.

노이즈 씨는 그 문제의 종이 뭉치를 들고 아내가 누워서 책을 읽고 있는 침실로 갔다. 그 곳까지는 얼마 되지 않는 거리였지만, 복도를 걸어가는 동안 그 목소리는 계속해서 알아들을 수 없는 이야기를 했다.

침실로 들어가자, 노이즈 부인이 책을 읽다가 고개를 들면서 물었다.

"누구와 이야기를 하신 거지요?"

노이즈 씨는 그 순간 등골이 오싹해지며 현기증이 일어나는 듯한 고통을 느꼈는데, 순간 정신을 차리고 보니 그 이상한 종이 뭉치를 들고 마치 누구에게 끌려가듯이 지하실 쪽으로 가고 있는 것이 아닌가.

그는 재빨리 소각로를 열고 그 속에 종이 뭉치를 넣었다. 백모께서 그 뭉치를 남들이 보는 것을 원하지 않는 것 같다는 강렬한 느낌을 받았기 때문이다.

불길이 그 뭉치를 다 태워버리자 노이즈 씨의 기분은 정상적인 상태로 돌아왔다. 그 뒤로 그 집에서 이상한 현상은 일어나지 않았다. 백모는 사적인 자신의 편지나 그밖의 서류를 남의 눈에 띄게 하고 싶지 않아 빠른 속도로 혼령을 통해 노이즈에게 부탁했던 것이었다. 그리고 이제 그 가능성마저 사라지자 영계로부터 송신할 필요도 없어진 것이다.

유령집 여주인

지금으로부터 40여년 전, 영국 요오크셔 지방 브라이드 린튼 가까운 곳에 있는 버튼 아그네스 홀이라고 불리우는 저택이, 마지막 소유자의 유언에 따라 나라에 기부되었다.

이 저택은 16세기 때 지어진 것으로 영국 건축 기술의 뛰어남을 자랑하는 소형 건물로 나라에서도 저택의 보존에 힘을 기울이고 있었다.

버튼 아그네스 홀이란 이름은 16세기의 대표적인 건축물로서 뿐만 아니라, 불가사의한 사연의 유명세는 요오크셔 지방에 널리 알려지게 되었다.

그것은 이 저택이 유령의 집이라는 사연 속에, 엘리자베스 여왕 1세 때부터 지금에 이르기까지 가장 유명한 유령의 집의 대명사가 되었다.

16세기 초, 저택이 지어질 때부터 소유권은 세 자매에게 있었다. 세 명 모두가 미인으로 자부심이 강하고, 이 지방에서 가장 훌륭한 저택으로 만들 기대감에 넘쳐 있었다.

 그 중에서도 나이 어린 막내 앤이 가장 열심히 저택을 짓는데 신경을 썼다.

 앤은 승마를 좋아했기 때문에 매일 아침 말을 타고 숲이나 들판으로 달려 나갔다. 어느 날 앤이 숲 속으로 들어가 잠깐 쉬고 있을 때, 갑자기 집시 무리가 나타났다.

 집시들은 그녀의 갈색 말에 눈독을 들였다. 하지만 그들은 말을 빼앗는 것만으로 만족하지 않았다. 아름다운 앤의 모습에 반해, 그녀를 욕보였다. 그런 다음 떠나가기 전, 그녀의 머리를 몽둥이로 내리치는 만행까지 저질렀다.

 하지만 죽었으리라 믿었던 앤은 운 좋게 지나가던 나무꾼에게 발견되어 저택으로 옮겨졌다. 앤은 살려고 죽음과 필사적으로 싸웠으나 당시의 의술로는 머리의 상처를 치료할 수 없었다.

 마침내 앤은 죽음을 예감했다. 그녀는 저택이 완성되기도 전에 죽는다는 것이 너무 안타깝다며 두 언니에게 말한 뒤, 자신의 마지막 부탁 한 가지를 들어달라고 청했다. 그녀는 비장한 어조로 말했다.

 "내 목을 잘라서, 우리 집의 벽 속에 넣어주길 바래!"

너무나도 끔찍한 유언에 두 언니는 질렸다. 두 언니가 그렇게는 못한다고 하자, 앤은 마지막으로 남아 있는 힘을 다해 위협하듯 거듭 말했다.

"만일 내 말대로 해 주지 않으면, 죽은 뒤 유령이 되어 이 집에 남아 있을 거야."

앤은 두 언니에게 눈으로 애원하면서 숨을 거두었다. 앤이 죽은 뒤, 두 언니는 도저히 동생의 유언을 따를 수가 없어 묘지에 매장했다.

그 후 일주일 동안은 아무런 일도 일어나지 않았다. 그런데 일주일이 지난 밤, 갑자기 집안의 어디선가 큰 소리가 났다. 가족들은 깜짝 놀라 도둑이라도 들었나 하고 저마다 무기를 찾아 들고 소리가 난 2층으로 올라갔다. 하지만 아무리 살펴보아도 누군가 집안에 들어와 있는 듯한 기색은 발견되지 않았다.

이 날 밤부터 버튼 아그네스 홀은 유령의 집으로 변하고 있었다. 거의 매일 밤마다 기묘한 소리가 났다. 문을 두들기는 소리, 계단을 오르내리는 소리, 복도를 달려가는 소리에 가족들은 잠들 수가 없었다.

이러한 이야기가 조금씩 이 지방 사람들에게 알려지게 되었다. 목사가 와서 기도를 했지만 아무런 효과도 없었다. 결국 늦게나마 그녀의 유언대로 해 주는 것이 좋지 않을까 하는 목사의 충고도 있어 묘를 파 헤치게 되었다. 두 자매가 참관한 가운데 관뚜껑이 열렸다. 관 속을 들여다본 두 자매는 그 자리에 쓰러지며 정신을 잃었다. 공포에 질린 목사만이 가까스로 정신을 잃지 않으려고 기도문을 외울 뿐이었다.

매장 후 어찌 된 연유인지 까닭을 알 수 없지만 엔의 머리가 몸에서 잘려 관 밖으로 나오려는 듯이 시체의 발 밑에 놓여 있었던 것이다. 누군가에 의해서 묘가 파 헤쳐진 흔적은 전혀 없었다.

앤의 무서운 집념을 비로소 깨달은 두 언니는 동생의 유언대로 머리를 벽 속에 매장했다. 하지만 앤의 원한 맺힌 혼령은 잠잠해지지 않았다.

그 이후 4백년 동안 앤은 버튼 아그네스 홀의 진정한 주인이 된 셈이다.

폐광촌에 나타난 유령

우연히 찾아간 여행지에서 기념될 만한 무언가를 슬쩍하기 좋아하는 사람이라면 오싹해질 이야기가 있다.

근착 미국의 주간 『선』지는 유적지로 지정된 한 광산도시의 저주 받은 기념품에 얽힌 이야기를 소개하면서 손버릇 나쁜 사람들에게 경종을 울리고 있다.

한때 금과 은이 쏟아져 나오는 신흥 광산도시로 미국 전역에 이름을 떨쳤던 캘리포니아주 바디 마을은 현재 해괴한 일이 벌어지는 '유령 마을'로 또 한번 악명을 날리고 있다.

이 마을에서 작은 못 하나라도 슬쩍 집어간 관광객들에게는 틀림없이 사고와 실직, 질병 등등 온갖 불운이 겹쳐 그 죄값(?)을 톡톡히 치르고 있다는 것이다.

1860년대의 작은 광산촌이었던 바디 마을은 1880

년대에는 가옥이 2천 채가 넘을 정도로 번성한 광산도시로 규모가 컸었다. 물론 다른 광산 신흥도시와 마찬가지로 20세기로 접어들면서 몰락하여 쓸쓸한 폐광촌으로 전락했지만, 지금까지도 바디마을은 자잘한 가재 도구 하나까지 잘 보존된 유적지로 관광객들에게 당시의 생활상을 생생하게 전해 주고 있었다.

그런데 언제부터인가 이곳의 소장품(?)들이 손버릇 고약한 관광객들에 의해 하나 둘 없어져 그 자취를 찾아볼 수 없게 만들었다. 이것이 곧 마을 귀신들을 노하게 만들었는지, 그 때부터 '기념품에 대한 저주'의 복수가 지금까지 내려오는 이 마을의 전설이 되고 있다는 이야기이다.

이곳을 관리하고 있는 마크 푸피치 씨는 "언제가 이곳을 방문하여 기념으로 못 하나라도 몰래 가져갔던 이들은 한결같이 얼마 지나지 않아 사과 편지와 함께 기념품을 들려주겠다는 편지를 보내 온다."며 고개를 저었다.

또 다른 방문객은 실직과 교통사고, 잇따른 질병 등을 겪다가 최근에서야 자기 죄를 깨닫고 당시 슬쩍해 갔던 몇 가지 기념품들을 내놓고 참회의 눈물을 흘리기까지 했다고 말했다.

하얀 손의 유령

이 세상에는 실로 기묘하다고 밖에 설명할 수 없는 이야기들이 많다. 1753년, 기와 지붕에서 일어났던 불가사의한 사건도 그 중의 하나다.

문제의 사건은 레베카 챠체워스라는 노파의 편지에 상세히 기록되어 있는 내용인데, 그 처참한 필체가 다소 과장이 있다고 하더라도, 전혀 허풍스런 얘기라고 단정할 수 없다.

이 기묘한 이야기가 외부로 드러나게 된 계기는 저택의 임차료를 둘러싼 다툼이 있고나서부터 일이다.

저택 임차권을 양도 받은 프롯서 부부는 잠시 그곳에서 살았으나, 어찌된 일인지 유령이 있다면서 나가 버렸다. 그래서 임차료 문제가 생겨난 것이다.

그리고 그 기묘한 사건의 발단은 다음과 같다.

1753년 8월말 경의 일이었다. 프롯서 부인은 응

접실 창가에 홀로 앉아 활짝 열려진 창 밖으로 건너다보이는 과수원을 무심히 바라보고 있는데, 그때, 창 밑에서 손이 천천히 올라왔다. 누군가가 돌벽을 기어오르고 있는 듯한 느낌을 주었다.

"아앗! 누구 좀 와 봐요!"

부인은 크게 소리를 질렀다. 그러자 그 손은 순식간에 자취를 감춰버렸다.

곧 달려온 하인에게 부인은 주위를 샅샅이 조사하게 했지만, 창 밖에는 아무것도 없었고, 과수원에서도 수상한 자가 발견되지 않았다.

"확실히 하얀 손이었어요. 40세 정도된 사람의 손 같았는데 부들부들 떠는 것 같다는 느낌이 들었어요……"

믿어지지 않는다는 듯이 프롯서 부인은 창백한 얼굴로 창 밖을 내다보았다.

그날 밤이었다. 뭔가 부엌 창유리를 몇 번이나 긁어대는 소리가 났다. 하인들까지 두려워하였으므로 젊은 급사가 뒷문으로 나가 밖을 조사해 보았으나 아무 것도 발견하지 못했다. 투덜대며 다시 문을 닫으려 했을 때, 그는 비명을 질렀다. 무언가 눈에 보이지 않는 물체가 집안으로 들어오려 한다는 느낌을 받았던 것이다. 너무 당황한 나머지 문을 닫은 급사는 놀라움에 부들부들 떨었다.
또 다시 창을 긁는 소리가 났지만, 이젠 두려움에
질려 살펴보는 일조차도 할 수 없었다.

다음 날은 일요일이었다. 아침 6시경, 부엌 쪽을
바라보니 하얀 손이 천천히 움직이고 있었다. 창
유리를 어루만지고 있는 듯한 느낌이었다. 그녀는
찢어지는 소리로 외쳐댔다. 그러자 몇 초가 지나
서야 손은 없어졌다.

그 후부터 매일 저녁, 창문을 긁는 소리가 시작
되었다. 부엌 유리창이 아니면 뒷문 거실로 사용
하고 있는 응접실문으로, 이상스러운 일은 모두가
과수원을 내다볼 수 있는 집 뒤쪽 창문들이었다.

"누구냐? 거기 있는 것이!"

프롯서 씨가 아무리 고함을 질러도 대답이 없었
다. 긁는 소리는 낮고 조용했으며, 때로는 손바닥
으로 만지기라도 하듯 희미한 소리가 나기도 했
다. 그런가 하면 창문이 깨져 나갈 정도로 심하게
두드릴 때도 있었다.

그런 어느 날 밤의 일이었다. 1주일을 괴상한 소
리에 시달리고 난 프롯서 부인은 마침내 노이로제
상태가 되어 아이들의 방으로 옮겨갔고 프롯서 씨
는 응접실에 자리를 마련했다.

다시금 그 소리가 들리기 시작했다. 온 집안이 조용한 가운데 여기저기서 창문을 긁어대는 소리가 나더니 이어 현관문을 두드리는 소리가 났다. 현관문 쪽에서 소리가 난 것은 그날 밤이 처음이었다. 프롯서 씨는 하인을 데리고 단단한 지팡이를 들고 현관문 앞으로 다가갔다.

두드리는 소리는 거세졌다. 프롯서 씨는 그 동안 쌓인 노여움을 폭발시키기라도 하려는 것처럼 거센 기세로 문을 활짝 열고 지팡이를 겨누었다. 그렇지만 밖에는 아무도 없었다.

그 때, 프롯서 씨는 갑자기 뒤로 돌아서서 힘껏 지팡이를 휘두르더니 당황하며 문을 닫았다. 그 광경을 지켜본 하인은 주인의 머리가 이상해지지 않았나 생각했지만, 실은 프롯서 씨는 자신의 팔을 힘껏 들어올리 듯이 하며 누군가가 그 밑으로 빠져나갔던 것이다. 하지만 주인은 그같은 사실을 하인에게 말할 수가 없었다.

그날 밤 12시가 조금 지났을 무렵, 프롯서 씨는 그 때까지 정리하고 있던 장부를 들고 침실로 갔다.

한데 이상하게도 아내의 숨소리가 들리지 않고 침실은 고요하기 짝이 없었다. 나이트 테이블 위에서는 촛불만이 타오르고 있었다.

아내가 누워 있는 침대머리맡 서랍을 열려던 프롯서 씨는 뜻하지 않는 광경에 손을 멈추었다. 놀랍게도 베개 옆에서 하얀 손이 천천히 움직이고 있었는데, 손목은 베개 위에 있었고 무시무시한 다섯 개의 손가락은 아내의 관자놀이를 누르고 있었던 것이다.

"앗!" 하고 외치면서 프롯서 씨는 무의식 중에 장부를 힘껏 내던졌다. 하지만 그 무서운 하얀 손은 슬쩍 피하더니 옷장 속으로 모습을 감추었다.

실신해 있던 부인은 잠시 후에 정신이 들었는데, 그 얼굴 표정은 지옥에서부터 금방 돌아온 것 같은 고통과 공포의 기색이 역력하였다.

그 다음 날 왠일인지 세 살 짜리 장남이 앓아 눕고, 밤이면 갑자기 심한 발작을 일으키곤 했다. 의사는 뇌막염이라는 진단을 내렸고, 프롯서 부인은 유모와 함께 밤새도록 간호를 해야만 했다.

붙박이 침대머리에는 서랍장이 붙어 있었는데, 아픈 아기가 편히 잘 수 있도록 짧은 가리개를 쳐 놓았다.

그 때서야 부인과 유모는 처음으로 아기의 발작 원인을 알게 되었다. 지금까지 그래왔던 것처럼 하얀 손이 베개 위의 서랍장에서 나타나 손바닥 방향을 아래로 하고 아이의 머리를 눌렀던 것이다.

이 광경에 놀란 부인은 비명을 지르며 번개처럼 아이를 침대로부터 안아들고 유모와 함께 남편이 있는 침실로 달려갔다.

문을 닫는 것과 열쇠를 잠그는 일이 거의 동시에 이루어졌다. 문 저쪽 뒤에서 다시금 긁어대는 소리가 났다……

이야기는 여기서 끝났다. 하지만 이 하얀 손의 미스터리는 미해결 상태로 계속되고 있다고 한다.

유령버스

　1930년대 중반, 런던 노드 켄싱턴에서 발생한 사건의 전말이다.

　어떤 승용차 운전사가 경찰서에 와 신고를 했다.

　"노드 켄싱턴 지역을 막 벗어나려던 때였어요. 버스 한 대가 내 쪽으로 사정없이 질주해 오고 있었습니다. 그런데 그 이층 버스는 위아래 칸의 불이 모두 꺼져 있었고 헤드라이트도 켜지 않은 상태였습니다. 이상한 것은 운전사와 승객들의 모습도 전혀 보이지 않았지요. 때문에 나는 급히 핸들을 꺾었고, 보도 위로 올라간 차는 길가의 벽을 긁어 버렸습니다. 그러자 버스는 빠르게 사라져 갔습니다."

　"당신, 음주 운전을 한 것이 아니오?"

　경찰관이 운전사에게 물었다.

　"천만에, 그건 조사해 보면 알것 아닙니까?"

　경찰관은 그의 말대로 음주 운전을 했는지 조사

했으나 운전사는 한 방울의 술도 입에 대지 않았
다는 사실이 증명되었다.

 그로부터 그 곳에서 유령버스와 맞닥뜨려 사고를
일으키는 차들이 많아졌다. 결국은 사망자가 생기
는 사고까지 발생했는데, 그 곳에 있던 장의사 주
인도 유령버스를 보았고, 주민들도 붉은 색으로
단장된 유령버스를 목격하였다.

 런던시 평의회는 그 곳의 도로를 차단하자는 의
견이 모아지게 되었다. 그리하여 도로가 폐쇄되자
사고율은 줄어들었다. 그 이후로는 붉은 색의 유
령버스를 보았다는 신고도 들어오지 않았다.

 이 사건은 한때 영국의 화제거리로 등장했으며,
런던 시민들을 공포 속으로까지 몰아넣었다. 신문,
잡지들이 토픽으로 유령버스에 대한 기사를 다루
어 세계적인 유명 사건으로 만들었다. 하지만, 유
령버스의 정체에 대해서는 아직까지 알려지지 않
고 있다.

3
지구촌의 불가사의

천 년 뒤에 나를 알아볼 사람

제갈량이 죽은 지 천 년이 지난 조참[曹參 : 漢의 조참이 아님]은 송나라의 대장군이었다. 그는 유명한 악비(岳飛)와 함께 당대를 주름잡은 명장이었는데, 자부심이 대단한 사람이었던 모양이다.

그래서 그는 늘 큰 소리치기를 잘 했는데, 이는 당대의 사람에게서 만이 아니라, 역사에 등장하는 걸출한 인걸들도 마찬가지였다.

이미 죽어 사라진 사람에 대해 하는 말은 농담 같지만, 죽은 자는 말이 없는 법, 설사 조금은 허풍이 섞였기로서니 다시 살아나서 한 수 겨루어 보자고 나설 까닭은 없을 테니까.

조참이 늘 제갈량에 대해서 폄하하는 말을 제일 많이 했던 것 같다. 자기라면 위·오나라를 다 평정하고 한실 중흥에 성공했으리라는 것이다. 아무리 제갈량이 전략의 천재였다 하더라도 결국은 실패한 이상, 자기에게 미칠 바가 못된다고 큰 소리를 치곤 했다.

그런 그였는지라, 조참이 서촉 정벌을 떠날 때는 아마도 공명에 대한 승부욕이 작용했을 것이다. 왜냐 하면 서촉은 공명이 자신의 웅지를 폈던 본 거지였으니까. 조참은 기세가 등등하여 일거에 서촉을 멸망시켜 위세를 보이겠다며 대군을 휘몰아 진격하였다.

조참의 군대가 어느 고을을 지나다가 오래된 비각 하나를 만나게 되었다. 조참은 향도에게 물었다.

"무슨 사당인가?"

향도가 머리를 조아렸다.

"후한의 제갈무후께서 생전에 세워두신 전각이옵이다. 문이 봉해진 채로 아무도 열지 못하도록 다짐해 두었기 때문에, 아직껏 안에 무엇이 있는지 누구도 알지 못한다고 합니다. 이 고을에 흉년이 들거나 병마가 창궐할 때에는 이곳에다 기원을 고하곤 하는데, 그 때마다 큰 효험이 있어서 고을 사람들은 노소를 막론하고 비각을 정성으로 받들고 있다고 합니다."

"그래?"

조참에게는 가당치 않은 일로 보였다. 당장에 명

령이 떨어졌다.

"문을 열어라!"

주저주저하면서도 대장군의 엄명인지라 군병들은 문을 열었다. 그러자 우뚝 눈앞에 나타난 빗돌에 씌어 있는 비문이 보였다.

千歲後知我者基曹參
천 년 뒤에 나를 알아볼 사람은 바로 조참이렷다!

이 얼마나 기막힌 일인가? 조참은 그 자리에 고꾸라지듯 엎드려 머리를 조아린 채 황공한 마음을 바로잡을 수 없었다.

"제가 어찌 무후 근처엔들 갈 수 있겠습니까?"

비석 뒷면에는 공명이 조참에게 주는 간곡한 부탁이 기록되어 있었다.

'부디 서촉에 입성하시거든 이인치민(以仁治民)하시오. 일 천 년 앞서서 내가 그대에게 간곡히 부탁하는 바이오.'

정성껏 제사를 모셔 공명의 넋을 위로하고 그 길로 서촉에 입성한 조참의 군대는 단 한 사람의 무고한 양민도 살상하지 않았다. 이는 상장군의 추상같은 명령이 내려졌기 때문이다.

마쓰다로오의 환생

도쿄, 스기나미구 호리노우찌에 있는 화장터 부근에 마쓰다로오라고 불리우는 명물 거지가 판잣집에서 살고 있었다.

그는 학식도 있고 인물도 좋았기 때문에 아는 사람도 많았다. 그가 1935년 10월에 죽자, 평소 그의 착한 행동에 감명을 받았던 사람들이 훌륭하게 장례식을 지내주었는데, 그 중에서도 각별히 친했던 야마자키 헤이사브로오라는 친구가 고인의 사타구니에 다음과 같은 글귀를 써 놓았다.

'나무묘법연화경 마쓰다로오!'

그리고는 '좋은 부모의 자식으로 다시 태어나라.'고 기구하였다.

그런데, 그로부터 3년 뒤 10월에 야마자끼 댁에 불연히 오사카에서 사람이 찾아와 사연을 말했다.

"1936년 10월에 저희 집에 사내아이가 태어났는데, 그 사타구니에 '나무묘법연화경 마쓰다로오!'라고 쓰여져 있어 일련종 고승과 기도사에게 부탁하여 기도를 드렸습니다만, 지워지지 않았습니다. 그런데 어느 날 꿈에 아이가 글을 쓴 사람에게 부탁하면 지워진다고 하여 뵈러온 것입니다. 아울러 마쓰다로오에 관한 이야기도 들려주셨으면 고맙겠습니다."

야마자키 씨는 마스다로오에 대하여 자세히 이야기해 주고, "옛부터 죽은 사람의 무덤 흙으로 씻으면 지워진다고 하더군요."라고 말하며 손님을 마쓰다로오의 무덤까지 안내한 다음, 그 흙을 손에 쥐어주고, "이것으로 지워지지 않을 때는 제가 찾아가 뵈올 테니까 전보를 쳐주십시오."하고 돌려보냈다.

그러자 하루가 지나서 '지워지지 않음. 내방 바람.'이라는 전보가 왔으므로 야마자키 씨는 곧 오사카로 떠났다.

오사카에 살고 있는 그 사람은 시내에 훌륭한 저택을 가지고 있었다. 마쓰다로오는 그 집의 둘째 아들로 태어난 것이다.

곧 집안으로 안내되어 어린애의 사타구니를 살펴보니 문신한 것처럼 푸르스름한 빛으로 글자가 분명히 나타나 있었다. 야마자키 씨는 불경을 독송

하며 말했다.

"마쓰다로오, 좋은 댁에 태어나서 정말 다행이다. 실증을 보여주어서 고맙다."

물을 적신 솜으로 독경을 하면서 닦으니까, 점점 희미해지더니 나중에는 흔적도 없이 사라지고 말았다는 것이다.

베르사유 궁전에서의 기이한 시간 여행

1901년 8월 10일 오후 4시, 두 영국 여성이 프랑스 베르사유 궁전에서 정말 믿을 수 없는 체험을 하였다. 그녀들의 이름은 어니 모바리와 엘리노어 조단이었다.

두 여자는 푸치 트리아농궁 부근 산책로를 따라 걷고 있었는데, 어니는 왠지 이상한 기분에 사로잡혔다. 우울하고 뭔가 형용하기 어려운 묘한 감정이 마음을 흔들었다. 하지만 계속 걸어갔다.

잠시 후 그녀들은 과수원이 보이는 길목에서 고풍의 초록색 프록 코트를 입고 삼각 모자를 쓴 이상한 남자 두 사람을 만났다.

그녀들은 다시 계속해서 걸어갔다. 그러자 한 채의 고풍스런 집이 나타났는데, 문 앞에는 땅에 끌릴 듯이 긴 롱 스커트를 입은 아주 세련된 차림을 한 두 소녀가 서 있었다.

불안한 시선을 보내면서 계속 앞으로 나아가자,
이번에는 묘지와 같은 장소가 나타났다. 거기에는
보기 흉한 얼굴을 가진 남자가 기다렸다는 듯이
서 있었다. 그녀들은 실신할 것 같은 기분을 억누
르며 발걸음을 멈추었다.
그러자 이번에는 귀족풍의 남자가 나타나 두 여
인에게 길안내를 하는가 싶더니, 어느 틈에 어디
론가 사라졌다.
다음에 만난 사람은 풍성한 금발에 하얀 모자와
옷을 입은 여자였다. 아름다운 여성이었는데 어딘
지 모르게 차갑게 느껴졌으며, 18세기의 그림에서
본 듯한 모습을 하고 있었다.
그곳을 지나치자, 이번에는 어딘지 모르게 무례
한 태도가 엿보이는 하인 같은 젊은이가 불쑥 나
타나더니 그녀들을 불러 세웠다. 정원을 한 바퀴
돌아서 정면 광장을 향해 안으로 들어가라는 눈짓
을 했다. 두 여자는 공포심에 그가 시키는대로 하
자, 얼마 후에 푸지 트리아농궁의 정면 입구에 나
와 있었다.
그러자, 그 때까지의 어둡고 음울하던 불안감이
순식간에 사라졌다. 그들은 다시 본래의 생기 넘
치는 여름날 오후로 되돌아왔다고 느꼈다.

이같은 기묘한 체험을 한 두 여자는 몇 년 후에 또다시 베르사유 궁전을 찾았다. 그 이상한 장소를 다시 한 번 보고 싶어서였다.

하지만, 몇년 전에 보았던 괴이한 풍경은 아무 데도 없었다. 어쩌면 자기들이 걸었던 장소가 역사 영화의 로케 현장이었는지도 모른다는 생각이 들어 안내원에게 이것저것 알아보았지만, 그런 일은 없었다는 대답만을 들었다. 그래서 그녀들은 프랑스 국내의 도서관을 찾아 다니며 베르사유 궁전에 관한 역사를 조사하고 여러 가지 자료를 검토했다.

그 결과 놀랍게도 그녀들이 보았던 건물, 길거리에서 만났던 인물들은 역사 속에 모두 실제로 있었다는 사실을 알아냈다.

그 여름 날 오후에 그녀들은 불가사의하게도 112년이나 거슬러 올라간 1789년 8월 어느 날의 베르사유 궁전에 있다는 것이다.

꿈 덕분에 목숨을 구한 사람

독일에서 일어난 믿기 어려운 이상한 이야기다.

어느 날, 한 남자가 우거진 검은 숲 속을 산책하는 꿈을 꾸었다. 숲 속을 천천히 걷고 있던 그의 앞에 갑자기 두 사나이가 뛰쳐나와 길을 막더니 죽이려고 위협했다. 깜짝 놀란 그는 도망을 쳤고 두 사나이는 뒤를 쫓아왔다.

한참 동안을 도망 가다가 보니 두 갈래의 갈림길이 나타났다. 어느 길로 가야 살 수 있을까? 두 사나이는 뒤에서 계속해서 쫓아오고 그는 어느 쪽으로 가야 할지 몰라 허둥대고 있었는데, 그때 어디선가 희미한 소리가 들려왔다. 그 소리는 이렇게 말하고 있는 것 같았다.

"오른쪽 길로 가거라!"

그는 얼떨결에 목소리가 시키는 대로 오른쪽 길로 달아났다. 그러다보니 얼마 후에 자그마한 호텔이 시야에 들어왔고, 그곳으로 들어간 그는 목숨을 구할 수 있었다.

 그로부터 20년이 지난 어느 날, 그는 공교롭게도 여행을 하는 도중에 꿈에서 보았던 그 검은 숲 속을 지나가게 되었다. 그는 설마 20년 전 꿈에서 일어났던 일이 실제로 되풀이되지는 않겠지 하고 생각하며 스스로를 위안했다.

 그런데 놀랍게도 꿈 속의 사건이 그대로 재현되고 말았다. 정말로 낯선 사나이 둘이 난데없이 나타나더니 그를 죽이려고 달려든 것이다.

 '아니 어떻게 이런 일이 현실에서 일어날 수 있는 걸까? 말도 안돼.'

 그는 쫓기면서 꿈 속에서의 기억을 되살려 갈림길이 나타나자 오른쪽으로 접어들었다. 그랬더니 그 앞에 낯익은 호텔이 나타났다. 결국 20년 전에 꾼 꿈이 그의 목숨을 구해준 셈이었다.

 꿈은 일종의 생리 현상으로 누구나 잠든 사이 꾸게 마련이다. 그런데 신기할 정도로 꿈이 현실과 일치하는 경우가 있다. 앞에 소개한 이야기처럼, 아직까지도 이런 현상이 일어나는 이유가 무엇인지 밝혀지지 않고 있다.

죽은 자가 산 범인을 잡다

지금으로부터 370여 년 전에 실제로 있었던 이야기이다.

1629년, 사건의 증인으로 시신이 채택되어 법정에 나오는 전대미문의 재판이 신사의 나라 영국에서 열렸다.

이 사건의 피해자는 조안 놀코트라는 여성이었다. 그녀는 예리한 칼에 목이 찔려 사망한 상태로 발견되었다. 조안은 남편 아서와 아들, 남편의 동생인 존과 그의 아내, 숙모 메리, 그리고 자신의 여동생인 아그네스와 함께 살고 있다가 변을 당한 것이다.

경찰은 그녀의 시체를 발견한 즉시 수사에 착수했다. 그리고 정황으로 보아 타살일 가능성이 높다고 판단했는데 친족들은 모두 타살의 가능성을 부정하고 나섰다. 그들의 증언에 의하면 조안은 히스테리가 심했으며, 툭 하면 '자살해 버리겠다'고 말했다는 것이다.

또한 흉기로 쓰인 칼도 그녀의 것이었다. 자살을 뒤받침하듯 객관적으로 볼 때 누군가 조안을 죽일 만한 이유도 없어 보였다. 경찰은 결국 조안이 자살한 것으로 수사를 종결 처리했으며, 시신은 공동묘지에 안치되었다.

그런데 조안의 자살에 대해 의혹을 품은 검사가 있었다. 그는 경찰 수사가 끝난 이후에도 은밀하게 수사를 계속했다. 그러던 중에 이웃 주민들로부터 놀코트 집안에 가정 불화가 있었다는 정보를 입수하게 되었다. 특히 아서와 조안의 여동생인 아그네스가 내연의 관계라는 사실이 그의 촉각을 곤두세웠다.

검사는 '조안이 집안 사람들, 특히 아서와 아그네스에 의해 살해되었을지도 모른다'라고 생각하기에 이르렀다. 하지만, 그 같은 사실을 입증할 물적 증거는 어디에도 없었다. 그 정도의 추정으로 그들을 기소해 보았자, 재판에서 전혀 승산이 없다는 것을 법의 집행자인 그는 누구보다도 잘 알고 있었다.

그러나 조안이 그들의 손에 의해 살해되었다고 확신한 검사는 조안의 시체를 증거로 하여 법정에 나서기로 했다.

17세기 무렵의 유럽에는 수많은 미신이 전해지고 있었다는 분위기였다. 그 중에는 '살해된 시체에 살인범이 손을 대면 죽은 자가 소생한다.'는 괴기한 이야기가 떠돌고 있었다.

검사는 이같은 미신을 이용해 진범을 찾아내겠다고 결심했다. 그는 미신의 이야기처럼 사체가 소생하리라고는 생각하지 않았다. 다만, 범인이 가족 중에 있다면 법정에서 그녀의 시체를 본 순간 동요할 것이고, 그렇게 되면 어느 정도 범인의 윤곽이 드러날 것이라고 기대했기 때문이다.

물론 이같이 항간에 떠돌고 있는 미신은 놀코트 집안 사람들도 알고 있었다. 그들은 검사를 비웃었다. 재판이 열렸을 때 호기심으로 법정을 찾은 수많은 방청객들도 한결같이 검사의 어리석음을 비웃었다.

증인으로 무덤을 파 헤치고 다시 꺼내온 조안의 시체는 염려할 만큼 부패되지 않았기 때문에 생전의 모습을 어느 정도 찾아볼 수 있는 상태였다.

먼저 아서의 남동생인 존과 그의 아내가 두려움에 떨며 시체에 손끝을 댔다. 당연한 결과였지만 시체는 미동도 하지 않았다. 그런데 조안의 여동생인 아그네스의 손이 닿자 놀랍게도 부패된 시체의 얼굴에 붉은 기운이 감돌더니 땀이 나기 시작하는 것이 아닌가!

한낱 미신으로 끝나야 할 일이 실제로 나타난 것이다. 갑자기 법정은 엄청난 충격에 휩싸였으며, 아그네스는 경악하여 기절해 버렸다.

그 뒤를 이어 숙모인 메리가 온몸을 부들부들 떨며 조안의 손을 살짝 만졌다. 그랬더니 조안의 시체는 천천히 눈을 떴다. 법정은 완전히 공포로 뒤덮였다.

그 순간 하얗게 질린 남편 아서가 자리를 박차고 일어나더니 법정 밖으로 도망을 치기 시작하였다. 그러나 곧 경찰에 의해 붙잡혔다. 그들은 강제로 그의 손을 잡아 시체를 만지게 했다.

그러자 조안의 시체가 이번엔 팔을 움직여 허공을 휘저었는데, 손가락 끝에서 검붉은 피가 흘러내렸다.

결국 누구도 기대하지 않았던 방법으로 범행 일체가 밝혀지게 된 셈이다. 아서는 처제와 정을 통하다가 그 사실이 조안에게 발각되자 범행을 모의해 왔던 것이었으며, 숙모인 메리까지 돈으로 매수하여 범행에 끌어들였던 것이다. 아서에겐 사형,

메리와 아그네스는 공범자로 중형이 선고되었다.
 그야말로 너무나 믿기 힘든 얘기지만, 1629년 영
국 재판소의 공문서에 기록되어 있는 내용이라니
믿을 수밖에 없을 것 같다.

쥐 탑

독일의 라인강과 란강이 합류하는 지점에 작은 섬이 자리잡고 있는데, 이 섬에는 '쥐탑'이라고 불리우는 음산한 분위기의 탑이 있다. 이 탑은 에렌펠즈성의 일부로 원래는 성 주인이 라인강을 항해하는 배들로부터 통행세를 징수하기 위해 세운 감시탑이었다.

쥐탑이라는 명칭은 그 곳에서 벌어진 무서운 사건 때문에 붙여지게 된 유래를 가지고 있다.

어느 날 에렌펠즈성의 성주가 갑자기 사라지는 사건이 발생했다. 성 안이 꽤 넓었기 때문에 가족들과 하인들은 처음에 그가 어딘가에 있을 것이라고만 생각하여 별다른 걱정을 하지 않았다. 한데, 성주는 3일 동안이나 모습을 보이지 않았다.

모두들 뒤늦게 사태의 심각성을 느끼고 성내를 빠짐없이 조사하기 시작했다. 성주의 방은 물론이고 주방, 지하 감옥, 술창고에 이르기까지 샅샅이 찾아보았지만, 그 어디에서도 성주의 흔적은 발견되지 않았다. 그러던 중에 매우 이상한 소문이 떠돌기 시작했다. 며칠 전에 성주가 쫓기는 것처럼 필사적으로 보트를 저어 라인강 중간에 있는 섬으로 가는 모습을 누군가가 보았다는 것이다.

성주는 왕과 다름 없는 존재가 아닌가. 그런 그가 누군가에게 쫓길 이유가 없다고 성안 사람들은 생각했다.

신하들 역시 믿어지지 않았지만, 일단 섬으로 건너가 감시탑을 조사해 보기로 했다.

감시탑은 원래 3명의 관원들이 주재하면서 라인강을 항해하는 배들을 감시했었지만, 현재는 비어 있었다.

작은 섬으로 건너간 3명의 관원들은 땅에 발을 내딛는 순간 뭔가 불길한 느낌을 받았다. 매우 끔찍한 일이 일어난 것 같다는 불안감이 그들을 엄습했다.

문제의 탑 가까이에는 작은 건물이 한 채 있었는데, 감시인들이 주거용으로 쓰던 장소였다. 관원들은 그곳부터 조사하기 시작했는데, 어느 방이나 깨끗이 정돈되어 있어서 이상한 점은 찾을 수 없었다.

그들은 서둘러 감시탑으로 향했다. 탑 내부는 5층으로 되어 있고, 거기에는 경사가 급한 계단이 붙어 있었다.

그들이 계단을 막 올라갈 때였다.

"끼익! 끼익!"

기분이 나쁜 동물의 울음소리 같은 것이 들려왔다. 으스스하게 그 이상한 소리는 원통 모양의 높은 탑 안을 메아리쳤다.

1층, 2층, 3층까지 올라갔지만 별다른 이상한 점은 발견되지 않았다. 그런데 4층으로 올라가던 그들은 소스라치게 놀라며 멈춰 섰다. 고양이 크기만한 쥐가 대여섯 마리의 작은 쥐들을 거느리고 있었다. 계단을 올라오는 그들을 노려보고 있었던 것이다.

관원들과 시선이 마주치는 순간 큰 쥐는 키익 하고 위협적인 소리를 지르더니 재빨리 5층 계단을 향해 올라갔다. 관원들은 준비해 온 권총을 뽑아 들었다. 그리고 두려움에 떨며 천천히 5층으로 올라갔다.

가장 꼭대기인 5층에 올라선 순간 그들은 차마 눈을 뜨고 볼 수 없는 처절한 장면을 목격했다. 5층 바닥에는 해골이 나뒹굴고 악취가 진동하고 있었는데, 더욱 끔찍스러운 것은 시체에 수십 마리의 쥐들이 달라붙어 있었다. 쥐들은 뼈에 붙어 있는 약간의 살점을 뜯어먹고 있었는데, 그 주위에는 갈가리 찢겨진 성주의 옷과 사오십 마리쯤 되는 죽은 쥐들, 그리고 성주의 것으로 보이는 권총과 칼이 참혹함을 말해 주었다.

그리고 바닥과 벽, 천장 등을 가득 채우고 있는 수백 마리나 되는 쥐들이 관원들을 노려보며 금방 덮치기라도 하려는 듯 큰 쥐의 명령을 기다리고 있는 것 같은 자세였다.

관원들은 쥐를 향해 권총을 겨눈 채 조심스럽게 뒷걸음질을 쳐서 다시 아래층으로 내려왔다. 다행스럽게도 그들이 계단을 다 내려올 때까지 쥐들은 공격해 오지 않았다. 하지만 관원들은 작은 쥐들이 성주의 뼈를 갉아먹는 무시무시한 소리를 들어야만 했다.

그들은 탑에서 빠져 나오자 뒤도 돌아보지 않고 필사적으로 배를 저어 성으로 돌아왔다. 그리고 탑에서 목격한 끔찍한 광경을 성주의 아내에게 빠짐없이 보고했다.

성주의 아내는 근방에 있는 개들을 모아서 섬에 풀어놓는 방법으로 수많은 쥐를 퇴치하고자 했다.

그런데 이상한 일이었다. 개를 섬에 풀어 놓았을 때 그 많던 쥐는 어디론가 사라져 한 마리도 눈에 띄지 않았다.

그런데 백골이 된 성주를 보고도 누구 하나 슬퍼하는 사람이 없었다. 실은 죽은 성주는 자신의 가족에게까지 미움을 받을 정도로 잔악무도한 인물이었다. 그는 자신의 영지를 경작하는 백성들을 착취한 수전노였다. 또한 극도의 호색한이었다.

뿐만 아니라, 자신의 아버지를 살해한 패륜아라는 의심까지 받고 있는 상황이었다. 에렌펠즈성과 드넓은 영지, 많은 재산을 하루라도 빨리 차지하기 위해 아버지를 벼랑에서 떠밀어 살해했다는 소문이 떠돌았다. 그리고 자신의 아들이 장성하자 권력을 빼앗길 것을 두려워한 나머지 포도주에 독약을 섞어 살해했다는 것이다.

그의 비참한 죽음은 '하늘이 대신 벌을 내린다.'라는 말이 의미하는 것 그대로였다. 그렇다면 그 지독한 성주는 도대체 어떤 연유로 죽게 된 것일까?

어느 날 성주는 자신의 영지를 거닐다가 알렌이라는 대단히 아름다운 처녀를 발견하자, 그녀를 강제로 자신의 방으로 끌고와 강간했는데, 처녀는 몸이 더렵혀진 것을 비관하여, 성의 가장 높은 탑에 올라가 몸을 던져 자살했다는 것이다.

그때 그 처녀는 무슨 연유에서였는지 큰 쥐 한 마리를 키우고 있었다. 감시탑에서 관원들이 본 바로 그 쥐였다. 결국 성주는 그 쥐의 습격을 받은 것이었다고 말할 수 있다. 그가 무엇엔가 쫓기듯이 강을 건넌 것도 바로 그 때문이었다.

큰 쥐는 작은 쥐들과 함께 그 탑에서 억울하게 죽어간 주인의 복수를 감행했던 것이다.

그 때부터 사람들은 그 탑을 '쥐탑'이라고 부르기 시작했다고 한다.

산 채로 매장된 여자

1950년 9월 어느 날, 이탈리아 카메리노 대학의 심리학과 교수 주세페 스토포리니 박사는 강의 도중에 마리아 포카라는 학생에게 최면을 걸었다. 그런데 그녀는 박사가 예상했던 것 이상으로 깊은 혼수 상태에 빠졌으며, 결국은 영매가 되고 말았다.

처음에 그녀는 학생들 모두가 알고 있는 자신의 목소리로 말했는데, 잠시 후 갑자기 낯선 목소리로 변하면서 다음과 같이 말했다.

"나는 이탈리아의 카메리노에서 로쟈 스패도니라는 여자로 태어났습니다. 결혼도 했고 아이들도 낳았지요. 남편은 죽었으며 카메리노에서 3킬로 정도 떨어진 카스테르 라이몬드 묘지에 묻었습니다. 그러던 어느 날 이번에는 내가 혼수 상태에 빠져 병원으로 옮겨졌습니다. 나를 진찰한 의사는 무성의하게 잠시 맥을 잡아보더니 사망했다고 말했습니다. 그로부터 이틀 후 나는 의사의 사망 확인서가 첨부된 상태에서 남편이 잠들어 있는 카스테르 라이몬드 묘지에 생매장되었습니다. 지금 내가 여러분에게 말하고자 하는 뜻은, 나에게 일어났던 것과 같은 어이없는 일이 두 번 다시 되풀이되지 않도록 해 달라는 것입니다."

이렇게 말한 그녀는 최면이 풀렸는지, 무너지는 것처럼 바닥에 쓰러지며 정신을 잃었다. 그 자리에 있던 학생들은 너무 놀라 한동안 말도 하지 못했다.

그 다음 날, 즉시 조사에 착수한 스토포리니 박사는 1939년 9월 4일에 카메리노 시민병원에서 로쟈 스패도니란 여성이 사망했다는 사실을 밝혀 냈다. 그 여자는 영매가 말했던 바와 같이 사망한지 2일이 지난 후에 카스테르 라이몬드 묘지에 매장되었다는 사실을 확인했다.

스토포리니 박사는 묘지를 발굴할 인부들과 카메리노 위생국의 병리학자, 3명의 이탈리아 공무원, 그리고 카메라맨과 함께 로쟈 스패도니의 무덤으로 갔다.

1시간 정도의 작업 끝에 로쟈의 관이 흙 속에서 모습을 드러내자 박사는 직접 관뚜껑을 열었다.

관 속의 시체는 이미 백골로 변해 있었다. 반듯하게 누워 있는 백골은 두개골이 왼쪽으로 약간 틀어져 있는 상태였는데, 오른쪽 팔이 상체 쪽으로 치켜올려져 손가락뼈가 목뼈 쪽에 박혀 있었다. 그리고 양 무릎은 마치 관뚜껑을 밀어올리려고 했던 것처럼 약간 구부러져 있었다.

관뚜껑의 안쪽에는 손가락으로 긁은 것으로 보여지는 자국이 나 있었는데, 박사는 로쟈가 땅 속에 묻혀 몸부림치며 괴로워했던 당시의 광경이 생생하게 눈앞에 떠오르는 것 같았다.

스토포리니 박사와 동행했던 병리학자는, 후에 다음과 같은 내용의 정식 보고서를 제출했다.

"스토포리니 박사가 어떻게 해서 이 사실을 알게 되었는지는 문제 삼지 않겠다. 하지만, 나는 로쟈 스패도니가 혼수 상태에서 생매장되었다는 의견에는 동의할 수 없다. 또한 묘지에 묻힌 뒤 관 속에서 깨어나 몸부림치며 괴로워했다는 내용에 관해서도 같은 의견을 제시하는 바이다. 유감스럽게도 그 당시 로쟈 스패도니는 의학적으로 사망이 확인되었기 때문이다. 만일 그녀가 살아있었더라도 구출될 가능성은 없었을 것이다."

스토포리니 박사가 취할 수 있는 조치는 더 이상

없었다. 그러나 그는 영매를 통해 전달된 이상한 이야기가 결코 헛된 것이 아니었다는 사실을 확인했다. 그리고 그 사건에 개입되었던 사람들은 로쟈가 말했던 것처럼 그런 어이없는 일은 두 번 다시 되풀이되지 말아야 한다고 한결같이 입을 모았다.

아몬 라 왕녀의 저주

아몬 라 왕녀는 기원전 1500년 무렵의 이집트 왕조 시대에 실존했던 인물이다.

왕녀가 죽자, 백성들은 그녀를 호화스럽게 장식한 나무관에 넣어 미이라로 만든 뒤에, 나일 강변에 있는 지하 무덤에 매장했다.

옛날 이야기는 대개 이쯤에서 끝나게 되는데 이 왕녀 경우에는 여기서부터 시작된다.

19세기말 아몬 라 왕녀의 관이 파 헤쳐지고부터 수많은 재앙을 가져왔으며, 이 세상에서 가장 유명하고 무서운 초자연 현상의 하나가 되었다.

1890년의 어느 날, 네 명의 젊은 영국인이 이집트로 여행을 갔다가, 우연히 아몬 라 왕녀의 관에 흥미를 갖게 되어 그것을 구입하기로 마음먹었다. 그들 네 명은 누가 구입할 것인지를 추첨으로 했는데, 당첨된 남자는 6백 파운드를 주고 이 관을 가지고 호텔로 돌아왔다.

그런데 몇 시간 후, 그 남자가 무엇에 홀린 듯이 사막 쪽을 향해 걸어가고 있는 모습이 목격되었다. 그리고 그는 영원히 돌아오지 않았다.

나머지 세 명도 비참한 운명을 맞게 되었다. 한 사람은 이집트인 하인이 이유없이 쏜 권총에 맞아 한쪽 팔을 잘라 내야 했다. 또 한 사람은 죽지는 않았지만, 영국에 돌아와 보니 회사가 파산 지경이 되어 있었다. 마지막 남자는 원인 모를 중병에 걸려 직장을 잃고, 결국에는 거리 모퉁이에서 성냥을 팔며 그날그날 근근히 살아가는 처지로 전락해 버렸다.

관은 그 후 다른 사람의 손으로 넘어가 영국 본토로 옮겨졌는데, 가족들 중에 세 명이 노상에서 사고를 당하여 중상을 입었다. 뿐만 아니라 집에 불이 나서 패가 망신하였다. 마침내 그 영국 사람은 이어지는 불행 때문에 관을 대영박물관에 기증했다. 그러나 아몬 라 왕녀의 관의 저주는 이 무렵부터 더욱 맹위를 떨치기 시작했다.

그 관을 운송하던 트럭이 갑자기 폭주하여 행인을 치어 죽인 것이다. 이어서 그 관을 운반한 세 명의 인부 가운데 두 사람이 계단에서 굴러떨어져 다리가 부러졌고, 또 한 사람은 이틀 후에 원인을 알 수 없는 질병에 걸려 사망하고 말았다.

나무관은 대영 박물관의 이집트실에 안치되었는데, 그 날부터 밤이 되기만 하면 누군가가 음산하게 훌쩍이며 우는 소리를 경비원이 듣게 되었다. 그 이후부터 박물관 직원들 중의 어느 누구도 이집트실에는 가까이 가려고 하지 않았다. 한데 용감한 직원이 있어서, 이집트실을 청소하며 아몬 라 왕녀의 관 위에 쌓인 먼지를 털어낸 적이 있었다. 그런데 얼마 지나지 않아 직원의 어린 아들이 홍역으로 죽어버리는 일이 발생했다.

미신 같은 것은 일체 믿지 않는 박물관 직원들이었지만 기괴한 사건들이 계속해서 일어나자 완전히 겁을 먹고 관을 지하실로 옮겼다.

하지만 불행은 여기서 끝나지 않았다. 이 관을 지하실로 운반한 네 사람 중의 세 명이 또 원인을 알 수 없는 중병에 걸렸다. 불행중 다행으로 그들은 가까스로 목숨은 건졌지만, 나머지 한 사람은 근무 시간에 책상 위에 엎드려 죽은 채 발견되었다.

이러한 사실이 보도 기관에까지 알려지게 되자, 많은 신문기자들이 몰려들었다. 그 가운데 어떤 사진기자가 아몬 라 왕녀의 미이라 사진을 찍어 신문사로 돌아가 현상을 했는데, 나온 필름은 미이라가 아니라 무서운 인간 형상의 얼굴이었다. 퇴근 후에 집에 돌아간 그 사진 기자는 웬일인지 갑자기 문을 닫아 걸고는 권총으로 자살하고 말았다.

아몬 라 왕녀의 관은 그 후 박물관에서 개인 수집가의 손으로 넘어갔다. 그러나 그곳에서도 저주의 마력은 어김없이 발휘되어, 그 영국인은 순식간에 가족을 잃고 파산하는 참담한 비극을 당하기에 이르렀다.

이렇게 되자, 이 저주 받은 나무관을 인수하려는 사람이나 박물관은 영국에서는 찾아 볼 수 없게 되었다. 그러자, 이번에는 고집이 센 미국의 고고학자가 그 관을 사서 뉴욕으로 보내려고 하였다.

1912년 4월 초, 이 고고학자는 아몬 라 왕녀의 관을 싣고 뉴욕으로 처녀 항해하는 최신식 호화여객선에 타고 있었다.

마침내 4월 14일 밤, 아몬 라 왕녀의 관은 사상 최대의 저주를 내렸다. 그리하여 그 거대한 여객선은 1,500명의 승객을 길동무로 하여 대서양의 물 밑에 가라앉는 끔찍한 대참사의 주인공이 되고 말았다. 그 여객선의 이름은 바로 너무나도 유명한 타이타닉호였다.

사건 전에 알린 뉴스

사건이 일어나기 전에 어떤 징조를 보았다는 이야기는 그다지 신기한 것이 못된다. 하지만 사건이 일어나기 전에 신문이나 방송으로 그 뉴스를 들었다는 실례 앞에서 인간의 예지 능력의 무궁함에 새삼스럽게 놀라지 않을 수 없다.

영국의 리즈 윌리암스 부인은 1964년 3월 세상을 떠나기에 앞서 자주 그와 같은 초능력을 보였고, 심령연구협회에 보고된 것만도 5건이 기록에 남아 있는데, 그녀는 결코 직업적인 투시가는 아니다. 오히려 그녀의 전문 분야는 경제학이었다.

그녀가 예지한 사건이 사실로 입증된 첫 번째 예는, 미국 조지아주 애틀란타에서 일어난 인종 차별 소동에 관한 것인데, 그녀는 소동이 일어나기 48시간 전에 VOA[미국 정부의 대외 방송] 방송에서 그에 관한 뉴스를 들었다고 한다. 웰즈에서 살고 있는 그녀는 잠이 오지 않아 새벽 4시에 라디

오를 켰는데 인종 차별 소동이 일어났다는 뉴스를 자세히 보도하고 있었다. 하지만 그 소동이 실제로 일어난 것은 이틀 후의 일이었고, 그 전에는 이런 소동에 관한 보도가 전혀 없었다.

윌리암스 부인은 크무르 뉴타운 심의회의 회장으로 있던 1958년에도 같은 경험을 했다.

어느 날 아침, 그녀는 신문에서 '침실 3개가 있는 주택을 1천 달러로 지을 수 있다.'는 기사를 보았고, 실물 주택의 사진도 보았다. 부인은 이 기사를 주임 건축사에서 보이고 싶어서 비서에게 그 기사와 사진을 오려 오도록 부탁했다. 그러나 비서는 신문에서 그런 기사를 발견할 수 없었다. 비서가 찾아내지 못하자, 이번에는 윌리암스 부인이 직접 찾아보았다. 그러나 신문에 그런 기사는 없었다. 그런데 그 다음날 『런던 타임즈』와 『데일리 텔리그라프』두 신문에 바로 그 기사가 사진과 함께 보도하고 있었다.

또 어느 날인가, 윌리암스 부인은 런던 타임즈의 보도에서 '소규모 농가의 수익이 몹시 줄어들기 시작했다.'는 기사를 읽었다. 그녀는 곧 이 불행한 실정에 관한 의견을 편지로 써서 수상 앞으로 보내기로 했다. 그런데 편지에 동봉하려고 신문기사

를 찾았을 때는 어디에서도 보이지 않았다. 그날
발행된 어느 신문에도 그런 기사는 실려 있지 않
았던 것이다. 하지만 다음날 런던 타임즈에는 그
녀가 보았다던 바로 그 위치에 같은 내용의 기사
가 보도되고 있었다.

징크스 깨려다 징크스의 제물로

‘임아, 다리를 건너지 마소서.’

서울대학교 러브 징크스는 깨지지 않았다.

‘아무리 다정한 커플이라도 함께 건너면 1년 안에 헤어진다.’는 자하연 다리. 서울대 인문대 앞 자하연에 가로 놓인 길이 5미터짜리 짧은 돌다리가 결국 심술을 부렸다.

지난 해 『goodday』 창간 기념으로 징크스에 도전한 서울대 캠퍼스 커플 세 쌍[2001년 9월 25일자 25면 보도]은 최근 『goodday』지 조사한 결과 모두 눈물을 뿌린 것으로 나타났다. 그들이 과감히 자하연 다리를 건넌 것은 1년여 전의 일이다. 그러나 아직까지 사랑을 가꾸고 있는 커플은 한 쌍도 없다. 지성도 애정도 징크스 앞에서 모두 빛이 바랬다.

자하연 다리의 징크스는 지난 1970년대 초 서울대 관악캠퍼스가 조성된 이후 30년 동안 입에서 입으로 전해졌다. 유래는 알 수 없으나 사례가 쌓이면서 단순한 전설 이상의 설득력을 얻었다. 부주의로 이곳에서 실족사한 경우도 생겨 으스스한 저주설까지 겹쳤다.

그러나 그들은 자신만만했다. 찰떡궁합을 자랑하던 세 쌍은 "우리만은 깨질 일이 없다."며 망설임 없이 다리를 지났다. 하지만 그곳을 건너지 말았어야 했다.

지모(남) 정모(여)씨 커플은 실험 7개월만에 헤어졌다. 같은 과 선후배 사이로 시위에서 함께 최루탄을 맞으며 가까워진 이들은 이미 졸업하고 사회인이 됐다. 정양이 먼저 졸업하고 대기업에 입사. 사회생활을 시작하면서 달리진 환경이 이별하는데 결정적인 원인이 됐다. 정양에게 '작업'을 시도하는 회사 선배들이 하나 둘 생기면서 그녀의 태도가 눈에 띄게 흔들리기 시작했다. 결국 이들은 '합의'하에 각자의 길을 가기로 결정했다.

이모(남) 김모(여)씨는 징크스 극복 가능성이 가장 높아 보였다. 그들은 소개팅으로 만나 노후 계획까지 세울 만큼 다정했다. 그러나 1년이라는 징크스 시한이 한 달도 채 남지 않은 상태에서 지난 9월초 이별을 맞았다. 미술을 전공하는 김양이 프랑스 유학을 준비하면서 서서히 틈이 생겼다. 경상도 사나이 이군이 무조건 유학 반대를 외쳤던 것이다. 차츰 다툼이 늘면서 이군이 먼저 이별을 선언했다. 이제는 서로를 위해 헤어지기를 잘 했다고 생각하고 있다.

 조모(남) 이모(여)씨는 수업 시간에 만났다. 이모양이 연상인 이 커플은 도서관과 영화관이 주요 데이트 장소일 정도로 모범적이었으나, 지난 2월 세 커플 중에 가장 먼저 결별하는 아픔을 겪었다. 이양은 "그냥 성격 차이죠."라고 결별 이유를 말했다. 이들은 현재 각자 다른 커플을 만난 상태다.
 "서로 맞지 않는 점이 눈에 띄었을 뿐이지 꼭 징크스 때문에 헤어지게 됐다고 생각하지는 않아요." 라고 한 학생이 말했다. 하지만 앞서 이모 씨는 "결별 이후 다리가 자주 맘에 걸렸다."고 털어놓았다. 그들이 다시 이 다리를 건널까. 이모 씨는 "절대 그럴 생각이 없다"고 말했다.

2002년 11월 19일자 「goodday」에서 발췌

4
엽기적인 사건들

실연 상어 토막살해 보복

‘바람 피우면 죽는다.’

서울 강남구 삼성동 코엑스 아쿠아리움 오션 킹덤 수조에서 지난 2002년 7월 12일 ‘상어 토막살해 사건’이 발생했다

3미터 30센티의 거대한 몸집을 자랑하는 수컷 샌드 타이거 상어가 2미터 크기의 암컷 까치상어 허리 부위를 날카로운 이빨로 물어뜯었다. 길이 3센티의 날카로운 이빨 수십 개가 까치상어를 꽉 물고 좌우로 흔들자, 상대는 10초만에 두 동강이가 나고 말았다.

사고를 목격한 관람객 윤 교항 씨(32·서울시 성동구 성수동)는 “가족과 함께 구경을 왔는데, 갑자기 수조 안이 붉은 피로 가득 찼다”며, “떨어져 나간 상어 살점과 피로 인해 수족관 안이 혼탁해졌고 피냄새를 맡은 다른 상어들까지 몰려든 참혹한 상황이어서 아이들의 눈을 가려야만 했다.”고 그때

의 상황을 전했다.

 호출 받은 사육사들이 도착했을 때는 이미 상황이 끝난 뒤였다. 반 토막난 상어의 사체를 치우던 그들은 놀라운 사실을 발견했다. 피해 까치상어와 가해 샌드타이거 상어는 특별한 사이였기 때문이다.

 사육사 강 필선 씨는 "식사 때 물고기를 던져 주면 제왕인 샌드타이거 상어가 가장 먼저 먹고, 그 다음 서열순으로 먹이를 먹는 게 이 세계의 원칙"이라며, "하지만 샌드타이거 상어는 특이하게도 서열이 한참 아래인 암컷 까치상어에게 먹이를 먼저 먹게 하는 애정을 보였다."고 말했다.

 둘의 사이가 벌어지게 된 것은 암컷 까치상어의 배신 때문이라는 것이다. 얼마 전 들여온 수컷 까치상어와 눈이 맞은 것이다. 최근 까치상어가 샌드타이거 상어를 피해 수컷 까치상어와 어울려 다니는 모습이 수족관 관계자에게 종종 목격됐다. 사고 당시에도 암컷 까치상어는 수컷 까치상어와 함께 있다가 샌드타이거 상어의 공격을 당한 것으로 알려졌다.

 배신에 대해 직접 '피의 집행'을 한 샌드타이거 상어는 2000년 4월 남아프리카 공화국에서 들어온

7년생이다. 수족관 측에서는 물 속에 유선 TV를 설치해 문제의 샌드타이거 상어를 주시하고 있지만 수조 안 3천 마리의 물고기 중에 가장 몸집이 큰 이 난폭자는 언제 그랬느냐는 듯이 유유히 수족관을 유영하고 있다.

백 인기 중앙대 동물자원학과 교수는 "상어가 영역 다툼을 벌이거나 산란기에 동족을 잡아먹는 일은 종종 있다."며, "하지만 사람처럼 질투에 눈이 머는지는 좀더 정확한 조사를 해봐야 알 수 있을 것 같다"고 말했다.

허걱! 드라큘라 부부

관에서 잠을 자는가 하면 사람의 피를 음료수 마시듯 하는 엽기적인 부부가 경찰에 잡혔다. 미국 주간지 『선』 최신호(2002년 5월호)에 따르면 독일에서 살인 혐의로 재판을 받고 있는 마누엘라 루다라는 20대 여성과 남편 대니얼 루다의 엽기적인 행각이 공포의 대상이 되고 있다. 부부 가운데 특히 언론의 집중적인 조명을 받고 있는 쪽은 아내 마누엘라였다.

그녀는 한쪽 머리카락을 악마의 표식인 거꾸로 된 십자가 형태만 남기고 밀어버린 괴기스러운 모습을 자랑하고 있다. 또한 마누엘라는 자신이 악마의 아내라면서 취재진들에게 사탄의 표식인 염소뿔 표식을 손가락으로 만들어 보이는 등 태연한 행동을 보여줘 사람들을 당황하게 하고 있을 정도이다.

한때 대니얼과 같은 제과점에서 일했던 프랭크

하겐이라는 남자의 시체가 이들의 집에서 발견되면서 '사탄 부부'의 엽기적인 행각이 드러나기 시작했다.

발견 당시 하겐의 시체는 대니얼이 누워 자고 있던 관의 발치에 놓여 있었으며, 머리는 뭉개져 있는 상태였다. 시체의 등에는 담뱃불로 지진 자국이 많았고, 면도칼로 사탄의 별을 7개나 새긴 위가 절개된 가슴 밖으로 드러나 있어 참혹하기 이를 데 없었다.

마누엘라의 진술에 따르면 하겐이 방문해 이야기를 나누던 도중 대니얼의 눈에 광기가 서리면서 갑자기 하겐을 망치로 내리쳤다. 둘은 하겐이 죽은 것을 확인하고 사탄에게 행하는 예배의식을 가지면서 하겐의 피를 마셨다. 잔인한 의식은 실크로 치장된 관에 들어가 성관계를 가지는 것으로 마무리 됐다.

지금까지 경찰 조사 결과 이들은 체포되기 전까지 때때로 살아 있는 사람의 피를 마셨으며, 동물의 송곳니를 잇몸에 심어 정맥을 무는 연습까지 했다는 것이다.

맘에 안 드는 아내를 요리한 남편

미국에서 최근 아내를 살해하고 그 시체를 잘라 요리 재료로 사용했던 비정한 남편이 체포되어 충격을 주고 있다. 미국의 『인콰이어러』지의 보도에 의하면 사건이 일어난 곳은 미시간주 잭슨시의 '킵스 피자 타코스 하우스'라는 작은 레스토랑에서 일어난 사건이다. 결혼 10년째인 케빈 어츠(43)와 아내 파티(46)가 운영하던 곳으로 어츠는 요리사로, 파티는 웨이트리스로 일해 왔다.

사건이 알려진 것은 파티의 부모와 여동생이 며칠이 자나도 그녀로부터 연락이 없는 것을 이상하게 생각하고 경찰에 연락을 하면서부터 사건의 전모가 드러났다.

레스토랑을 찾아온 경찰에게 어츠는 "아내는 3일 전 부부싸움 끝에 집을 나가 버렸다."라고 말했다. 그러나 레스토랑 안을 수색하던 경찰은 발코니에서 수상한 상자를 발견했고 뚜껑을 열어본 경찰은 기절초풍을 했다. 그 안에는 바로 파티의 머리와 뼈, 잘게 썰어진 인육이 들어 있었다.

심한 부부 싸움 끝에 아내 파티를 살해한 어츠는 자신의 범행을 숨기기 위해 그녀의 시체를 토막내고 마치 정육점에서처럼 살점을 잘게 썰어 금방이라도 요리를 할 수 있도록 준비해 두었다. 머리 부분과 뼈는 미처 처리하지 못하고 상자에 넣어두었다가 경찰에게 발각된 것이다.

어츠는 아내의 살을 요리할 생각은 없었다고 주장하고 있지만, 레스토랑의 단골 고객인 에릭 조겐슨이라는 남성은 "그는 분명 파티의 살로 튀김 요리를 했다."라고 단언하고 있다.

아내 살해한 남편의 흉기는 몸무게

2001년 7월 어느 날, 미국에서 일어난 이야기이다. 긴급구조반 911로 "지금 아내가 숨을 쉬지 못하고 있다."는 한 남자의 다급한 전화가 걸려 왔다. 서둘러 달려가 본 긴급구조반은 어리둥절했다.

그 집에 도착한 구조반은 기이한 광경을 목격했다. 거구의 남자가 자그마한 아내 옆에 무릎을 꿇고 앉아 있었는데, 이미 그녀는 숨을 거둔 뒤였다. 사인은 질식사였다.

그러나 단순 질식사가 아니었다. 물론 보니타 무어(30)의 목에는 목 졸린 흔적도 없었고, 약을 먹은 흔적도 없었다. 그러나 수상히 여긴 경찰은 조사 끝에 그녀가 남편 대럴 무어에게 살해당했다고 결론 지었다.

그렇다면 대럴은 어떤 방법으로 아내를 죽인 것일까. 그 무기란 어이없게도 바로 그 자신의 몸이었다.

　무려 1백 68킬로그램의 몸무게로 70킬로그램도 채 안 되는 아내의 가슴 위에 올라 앉아 있었던 것이다. 대럴은 사소한 말다툼 끝에 보니타를 깔고 앉아 15분 가량 있었다.
　조서를 꾸미던 경찰은 뚱뚱한 남편이 화가 나면 일단 도망 가고 볼 일이라며 고개를 절레절레 저었다.

접대부 오랑우탄들

오랑우탄은 말레이어로 '숲속의 사람'이란 뜻이다. 하지만 사람과 가장 닮았다는 이 동물이 현재 멸종 위기에 처해 있다는 것은 익히 알려진 사실이다. 오랑우탄은 이미 '세계 멸종 동물 리스트'의 상위에 올라 있으며, 인도네시아와 말레시아에서는 매일같이 인간에 의해 유린 당하고 목숨을 잃는 오랑우탄의 수가 급증하고 있다.

2002년 10월 현재 오랑우탄의 수는 지난 1997년 발생한 인도네시아 보르네오 숲의 대화재로 1백년 전의 10분의 1에 불과한 3만 마리 정도로 감소한 상태다. 가뜩이나 번식력이 약한 데다가 불법적인 밀렵과 벌목으로 인한 삼림의 파괴로 서식지가 급격히 줄어들고 있기 때문이다.

이런 추세라면 5년 후에는 지구상에서 더 이상 오랑우탄을 볼 수 없을지도 모른다고 '오랑우탄

살리기 운동본부' 설립자인 빌리 스미츠 씨는 말한다.

인도네시안들 사이에서 너나 할 것없이 오랑우탄을 애완용으로 키우는 것이 유행처럼 번지기 시작한 것도 멸종하게 된 심각한 원인 중의 하나다.

오랑우탄의 수명은 평균 40~50년이지만 사람 손을 탄 경우에는 고작 15년 정도 밖에 살지 못한다. 애완용 오랑우탄이 이렇게 일찍 죽는 이유는 흥미를 잃은 주인이 박스 속에 가둬 놓고 먹이를 주지 않아 굶어 죽거나 다시 새끼 오랑우탄을 사들이기 위해 키우던 오랑우탄을 무참하게 죽여 버리는 경우가 빈번하기 때문이다.

사람인양 억지로 옷을 입혀 놓는다든지 꼬마들의 장난감 대용으로 취급하는 동물 경시 등 사람에게서 받는 지나친 스트레스 또한 무관하지 않다.

하지만 이렇게 애완용으로 팔리는 경우는 그나마 다행인 셈이다. 인도네시아 수도 자카르타의 앙콜 공원에서 열리는 오랑우탄 복싱 대회는 항상 구름같이 모여든 구경꾼들로 발 디딜 틈이 없다. 수척한 모습의 두 마리 오랑우탄이 글러브를 끼고 서로 힘겹게 치고 받는 장면을 보면서 관중은 열광한다. 하지만 한 마리가 바닥에 쓰러져도 이들의 흥분은 가라앉을 줄 모른다. 그보다 더 흥미로운 진정한 쇼가 이들을 기다리고 있기 때문이다. 시합에 진 오랑우탄이 무대 뒤에서 조련사에 의해 사정없이 두들겨 맞는 장면이 바로 그것이다. 피를 흘리며 쓰러지는 오랑우탄을 보면서 관중들은 뜻모를 괴성을 질러대며 광분한다.

홍등가인 '킬로미터 19' 지역의 한 매춘업소에서는 14세부터 40세까지의 다양한 매춘부들이 손님을 기다리고 있다. 하지만, 이곳의 특이한 점은 이들 옆에 앉아 있는 '푸니'라는 이름의 오랑우탄 때문이다. 올해 세 살인 푸니는 바로 오랑우탄과 즐기를 원하는 변태 성향의 손님들을 위한 접대부인 것이다.

오랑우탄이 이렇게 섹스 도구로 전락한 사례는 미국에서도 있었다. 한때 한 미국 동성애 포르노 제작자가 오랑우탄과의 성행위 장면을 찍은 화면을 인터넷에 유포해 논란이 된 바 있다.

'오랑우탄 살리기 운동본부'의 스미츠 회장은 밀렵꾼 소탕과 오랑우탄 방생 운동에 박차를 가하고 있지만 만족할 만한 성과를 거두지 못하고 있다. 이미 경찰을 매수한 밀렵꾼들은 보란 듯이 법망을 빠져 나가고 있으며, 야생으로 돌려보내진 오랑우

탄은 이미 황폐화된 삼림 속에서 먹이를 찾지 못
해 굶어 죽거나 다시 마을로 내려와 잡히고마는
경우가 허다 하다.

5
별난 몸을 가진 사람들

앗! 심장의 위치가

　13억 인구의 중국에는 별별 사람이 다 있다. 최근 중국 일간지들은 인체 내부의 장기가 정상인과 반대되는 위치에 있는 별난 여인에 관한 기사를 보도했다.

　중국 쓰촨성에 거주하는 양자룽 씨(45)는 2002년 8월말 갑작스러운 복통이 일어나 입원하여 병원에서 담낭 결석 진단을 받았다.

　하지만 놀라운 것은 양씨의 몸안 장기의 위치가 일반인과 정반대라는 사실이다. 양씨의 심장은 오른쪽에 위치해 있고, 간장과 비장 등의 장기도 보통 사람의 장기 위치와 좌우가 바뀐 자리에 놓여 있었다.

　의학계에서는 이같은 특수 인체를 가진 사람이 태어날 확률은 10만 분의 1정도이며, 비록 양씨가 특수한 장기를 가지고 있지만, 일상 생활에 지장을 받는 경우는 전혀 없다고 설명했다.

  그런데 일단 몸이 아파 병원에 자주 드나든다면 번거로운 일들이 한두 가지가 아니다.

  병원에서 사용하는 거의 모든 의료기구들이 정상인에 맞게 제작된 까닭에 진찰과 치료를 맡은 의사들이 좌우를 혼동할 가능성이 높기 때문이다.

  양씨의 담낭 결석 제거 수술은 2시간 30분이나 걸렸다. 일반적인 경우라면 30분 안에 끝날 간단한 수술이었으나 장기가 좌우 반대로 위치한 탓에 수술 시간이 5배나 더 걸렸다.

당나귀 소년

'윌렘의 귀야말로 당나귀 귀이다.'

일본『도쿄 스포츠』지의 최근(2002년 4월) 보도에 따르면 스톡홀름에 사는 윌렘 젠더군의 별명은 '프리스비'이다. 원인은 원반놀이 기구인 프리스비만한 귀를 갖고 있기 때문이다. 웰렘군 스스로도 접시라고 부르는 귀의 직경은 놀랍게도 30센티에 이른다. 청력도 대단하다. 게다가 그의 취미는 집 근처 호수에서 즐기는 윈드 서핑, 돛이 없어도 커다란 귀로 바람을 받아 신나게 달릴 수 있단다.

웰렘군의 가족과 주치의는 윌렘의 커다란 귀로 할 수 있는 일들을 상세히 소개하고 있다.

· 귀를 조금 흔드는 것만으로도 3미터 떨어진 곳의 촛불을 끌 수 있다.

· 100미터 이내라면 나비가 날갯짓을 하는 소리도 들을 수 있다.

· 벽 너머에서 속삭이는 대화도 엿들을 수 있다.

· 야외에서는 1.6킬로미터 떨어진 곳의 대화까지 들린다.
· 놀이터에서는 태양 각도에 따라 한 번에 최대 9명까지 들어올 수 있는 그늘을 만들 수 있다.
· 저공 비행 중인 비행기 안에서 나누는 대화를 한 단어씩 알아들을 수 있다.

의학 전문가에 따르면 이같은 특이한 귀는 '매크로티아 증후군' 때문에 생긴다고 한다. 윌렘군의 주치의 존 반트 박사는 "보통 사람은 옆방에서 핀이 바닥에 떨어지는 소리를 들을 수 없지만, 윌렘에게는 그게 큰 소음으로 들린다."고 말했다.

윌렘군은 종종 친구들에게 놀림을 받기는 하지만 '귀가 작았더라면' 하고 속상해 본 적은 없단다. 오히려 "바람이 강하게 부는 날에는 자전거 속도 조절이 어렵지만, 그 외에는 별로 불만이 없다."고 느긋하게 말한다.

원숭이 소년

‘꼬리 달린 신?’

2002년 5월초, 미국 주간지 『선』은 꼬리를 달고 태어나 힌두교의 원숭이신으로 대접 받고 있는 인도의 한 남자 아기를 소개했다. 태어난 지 11개월이 된 발라지라는 이 아기는 태어날 때부터 4인치(약 10.2센티) 길이의 꼬리를 달고 태어났다.

발라지의 부모는 자신들이 이슬람교인 파키스탄과 힌두교인 인도와의 화해를 위해 기도하는 중에 아기가 태어났으며, 아기의 팔에는 하누만이라는 힌두교 원숭이신의 표식이 새겨져 있었다고 주장한다. 하누만은 다신교인 힌두교가 섬기는 1,천여 신 가운데 제일 신도가 많다. 독실한 신자들은 발라지를 하누만의 현신이라고 믿고 있다. 이들이 아기에게 절을 하고 헌금과 선물을 바치는 모습은 기독교의 동방박사가 아기 예수를 영접하는 것을 연상케 한다. 하지만 성직자들과 승려들은 발라지가 '인간에 의해서 태어난 인간일뿐'이라고 주장하고 있으며, 의사들도 발라지의 꼬리는 유전자 돌연변이에 의한 것이라는 견해를 밝히고 있다.

원숭이신 하누만

힌두교의 종교적 영웅 라마가 그의 아내 시타를 악마로부터 구해 낼 때 라마를 도운 신이 바로 원숭이신 하누만이다. 힌두교 경전에 따르면 하누만은 악마의 감옥에 숨어들어가 납치된 시타가 갇힌 곳을 알아내지만 악마에게 발각된다. 자신을 평범한 원숭이로 위장해 탈출한 하누만은 라마와 함께 원숭이 부대를 동원해 시타를 구해 냈다.

담배꽁초만 먹고 살아요

50년 동안 담배꽁초만 먹고 살아온 인도 여성이 있다.

2002년 4월 7일자 『산다 바르타』지의 보도에 따르면 남부 인도 타밀나두 지방의 코타메두에 사는 카야루니사라는 61세의 여인은 길거리에 떨어져 있는 담배꽁초를 주워 먹으며 산다. 그가 주워 먹는 담배는 가루가 담배잎으로 싸여 있고 겉을 실로 묶어 필터가 없다.

그녀의 하루 시작은 밖에 나가 청소부가 거리를 청소하기 전에 땅에 떨어진 담배꽁초를 줍는 일이다.

카야루니사는 "아버지가 워낙 골초라 어릴 때부터 집에 널려 있는 담배꽁초를 주워 먹었다."며 "다른 음식에 대한 흥미는 잃은 지 오래다."고 말했다.

그녀는 "사람들은 음식 재료를 가지고 어떻게 뭘

만들어 먹을까 고민하지만, 담배꽁초는 그럴 필요
가 없다. 또 무료로 얻을 수 있다."고 자랑했다.

그녀가 자주 나타나는 길 주변의 상점 주인인 파
타히라만은 "그녀는 매일 꽁초를 수집하지 않는
다."며 "그녀가 나타나지 않는 아침이면, 혹시 뱃
속에 든 담배 때문에 죽은 게 아닌가 걱정된다."고
전했다.

의사인 엠 카나카사바파시는 "내가 상담을 해줘
야 하는데도 불구하고 그녀가 꼭 꽁초를 먹어야만
잠을 잘 수 있다고 하기 때문에 설득 당하게 된
다."며 "위가 아프다고 호소해 담배를 먹지 말라고
경고했지만, 말을 듣지 않는다."고 말했다.

세상에서 제일 긴 혀

독일 탕슈테트에 거주하는 아니카(12세)양은 최근(2002년) 거리를 돌아다니며 혀를 꺼내 보이느라고 분주하다. 소녀의 혀가 기네스 북에 올랐다는 소문이 돌면서 "한 번 뽑아봐라."라고 부탁하는 사람이 많아졌기 때문이다.

금발에 귀여운 미소가 인상적인 아니카가 기네스 북에 오른 이유는 그녀의 혀가 세상에서 가장 길기 때문이다. 아니카의 혀의 길이는 자그마치 700미리미터. 정상적인 성인의 경우 아무리 혀를 앞으로 내밀어도 500미리미터가 되기 힘들다는 사실을 감안하면, 가히 '엽기적'이라 할 수 있다. 공식적인 혀의 길이는 어금니에서부터 혀끝까지의 길이를 말한다.

긴 혀 때문에 어려서는 발음 교정까지 받아야 했고, 한때는 징그럽게 긴 혀로 인해 열등감도 느꼈지만, 아니타는 더 이상 자신의 긴 혀 때문에 고

민하지 않는다. 혀가 길어서 치열 교정틀 사이로 자꾸 끼이는 것 이외에는 일상생활에 전혀 불편을 느끼지 않기 때문이다. 그러나 아니카의 가장 큰 소망은 혀가 더 이상 자라지 않는 것이라고 자랑하듯 말한다.

바보천재를 아시나요?

 일상적인 능력은 보통 사람의 수준에 못 미치지만, 어느 한 분야에서만은 그 누구도 따를 수 없을 만큼 빼어난 사람들, 음악을 듣고 그대로 피아노로 칠 수 있는가 하면, 수많은 도시의 인구와 통계를 좔좔 외는 정신 지체자들이 있어 화제다.

 근착 미국의 주간『이그재니미너』지는 심리학자 다롤드 트레퍼트 박사가 지은 책『비상한 사람들』(하퍼로간 1989)에 이같은 '바보 천재'들을 소개했다.

 더스틴 호프만이 열연한 영화『레인 맨』처럼 아이큐가 50 이하인 앨런조는 타고난 동물 조각가다.

 움직이는 동물을 한순간 만져보고 만들기에 들어가 한 시간이면 살아 숨쉬는 듯한 동물을 완성하는 비상한 재주를 가졌다.

 그런가 하면 태어날 때부터 앞을 못보는 데다 정

신 지체자이기도 한 레슬리에는 작곡은 물론, 한 번 들은 곡을 곧바로 피아노로 연주까지 한다.

아이큐 50 밑을 맴도는 앨런조 역시 앞을 못보는 맹인이다. 하지만 신은 그녀에게 브로드웨이의 음악 정도는 듣자마자 피아노로 연주할 수 있는 재능을 부여했으며, 시계 없이도 정확한 시간을 본능적으로 알아맞추는 '걸어다니는 시계'로까지 능력을 부여해 주었다.

아이큐 65인 얼은 천부적인 기계공이다. 비행기, 배, 자동차 모델 등을 조립하기를 좋아하며 특히, 고장난 시계 같은 것은 완벽하게 수리해 낸다.

정신 연령이 11살 밖에 안 되는 케이가 기껏 구사하는 단어는 58개 미만이다. 하지만, 그는 미국 모든 도시의 인구수를 끊임없이 쏟아낸다.

더욱이 영화에서 레인맨 더스틴 호프만이 전화번호부를 암기해 동생 톰 크루즈를 놀라게 한 것처럼, 그 역시 3천여 개의 강과 산의 이름, 2천여 주요 호텔의 이름과 위치를 정확히 말해, 보통 사람들을 깜짝 놀라게 한다.

그 뿐만 아니라, 2천여 주요 발명과 발견에 대한 주요 내력 등을 정확하게 기억함으로써 탁월한 천재임을 과시한다.

아이큐 40으로 태어난 쌍둥이 조지와 찰스는 달력을 역산할 줄 아는 달력 계산기라고 해도 과언이 아니다.

가령 4월 21일이 일요일인 해가 언제냐고 이들에게 묻는다면 쌍둥이는 경쟁적으로 즉각 1700년이라고 대답한다.

이와는 달리 일렌은 심각한 정신적 질환을 앓았지만 음악을 사랑하는 탓에 남이 흉내낼 수 없는 노래의 계보를 훑는다.

모든 노래의 곡명과 작사자는 물론, 작곡된 연도와 관련된 시시콜콜한 이야기들까지 잘 알고 있다고 한다.

나는 시계 인간

좋아하는 일을 할 때는 화살처럼 흘러가는 것이 시간이지만, 재미없을 때는 한없이 느린 것처럼 느껴지는 것도 바로 시간이다. 그래서 사람들은 누구나 손목에 시계를 하나씩 차고 다니며 시각을 확인해 보는 것이다.

그러나 미국의 샌디에고에 살고 있는 프랭크 화이트 씨(42 전기 기술자)에게는 시계가 필요없다. 어떤 때에도, 어떤 상황에 처해도 시계를 보지 않고 정확하게 시각을 알고 걸어다니는 시계이기 때문이다.

근착 미국의 『선』지는 이렇게 특이체질(?)을 지닌 화이트 씨를 두고 연구가 한창이라고 전했다.

윌리엄 쉐터 박사는 "프랭크는 초능력자라고 표현할 수밖에 없습니다. 그는 항상 시각을 알고 있습니다. 물론 초까지 포함해서죠. 낮잠이나 밤잠을 곤하게 자고 있는 그를 깨워서 '지금 몇 시죠?'하고 물어봐도 정확한 시각을 댑니다."라고 밝힌다.

연구소 내에서 순식간에 화제가 된 화이트 씨는 언제부터 시각을 알 수 있는 능력을 지녔느냐는 연구원들의 질문에 "태어나면서부터가 아닌가 싶다."고 말해 모든 이들을 놀라게 만들었다. "시각이라는게 뭔지, 시간 개념이 없을 때에도 시각을 알고 있었다."는 이야기가 된다.

"우리 어머니는 내가 아주 어릴 때부터 나를 '째깍이'라고 부르며 놀리셨어요."

한 번도 손목시계를 차 본 적이 없지만, 그래도 출퇴근 시간이나 식사 시간에 단 한 번도 늦어본 적이 없다는 그는 "의사가 그럽디다. 머리 속에 시계 같은 것이 들어있나보다고……."라고 말한다.

너무 놀라운 일이어서 연구소에서는 정밀검사를 준비 중이라고 밝힌 쉐터 박사는 그를 통해 인간의 뇌의 비밀 하나가 밝혀질지도 모른다며 은근히 흥분하는 눈치였다.

미이라의 딸 초고속 성장

 4천년 전에 죽었던 미이라의 정자로부터 태어난 시험관 아기가 성장하고 있다면, 과연 믿어야 하나? 그런데 그런 공상 같은 출생 배경에서 태어난 시험관 아기가 정상인의 4배 속도로 성장하고 있다는 유전자 학자들의 보고가 나와 관심을 끌고 있다.

 수년 전에 일본의 도쿄 스포츠가 미주간지 『뉴스』를 인용 보도한 바에 따르면, 지난 91년 10월 18일에 태어난 생후 3년 7개월된 아기가 벌써 12살 소녀의 모습과 같은 성숙도를 보이고 있다는 것이다. 정확한 원인은 밝혀지지 않고 있는 가운데 특이한 인공수정에 관계가 있을지도 모른다는 추측만 무성할 뿐이다.

 이 역사적인 인공수정에 아내를 설득해 참여시킨 월러드 토마세로 박사는 이 아이의 성장 속도는 정상인의 4배라고 밝혔다.

토마세로 박사는 아기가 매우 아름답고 지적이지만 성장이 너무 빠르기 때문에 그만큼 수명도 짧지 않을까 걱정된다고 말했다.

화제의 주인공인 안나는 죽은 인간의 정자가 수정 능력을 갖고 있을까 하는 문제를 연구하기 위한 실험 결과에 의해서 태어났다. 연구팀은 91년 덴마크의 진흙 구덩이에서 발견된 약 4천년 전 청동기 시대의 인류로부터 정자를 추출, 당시 24세였던 토마세로 박사의 부인 마리아 여사에게 이식했다.

그 후 마리아 여사가 체중 3.8킬로그램의 여아를 출산하자 과학자들은 놀라움을 감추지 못했다. 이 아기는 출생 당시엔 보통의 아기와 다른 점이 전혀 없었다.

하지만 1년이 됐을 때 의사들은 아기의 성장 속도에 이상이 있다는 사실을 발견했다.

토마세로 박사는 "생후 1년 2개월에 그녀는 4살 정도로 키가 컸고, 이미 걷기 시작했으며 말도 할 줄 알았다."고 했다.

또 "두 살 때는 초등학교 1학년생 만큼 성장하였으며 정신적으로도 육체적으로도 마치 초등 학생 같았다. 몇 번이나 검사를 했지만 이상한 점을 발견할 수 없었다."고 덧붙였다. 만약 그녀가 이 상태의 속도로 성장하여 5세가 되면 16세 소녀처럼 되고 20세가 되면 죽을 지도 모른다는 것이 로마세로 박사의 걱정이다.

 그는 "성장 속도를 떨어뜨려 정상 속도로 만들고 싶다. 그렇지 않으면 딸은 젊어서 비극적인 죽음을 맞게 될 지도 모른다."며 근심어린 표정을 감추지 못했다.

열 손가락이 몽땅
엄지손인 사나이

열 개의 손가락이 모두 엄지손 모양인 '엄지손 사나이'가 있어 화제를 낳고 있다.

미국 디트로이트 시에 사는 막스 켄달이라는 44세의 남자는 다른 신체 부위는 정상인과 같은데 두 손의 손가락들이 모두 엄지 모양인 기형을 하고 있다

그의 손은 태어날 때부터 이같은 기형을 하고 있었는데, 의사들은 그의 어머니가 임신 중에 복용한 약이 원인이라고 생각하고 있다.

"처음 보는 사람들은 이상하다는 눈초리로 쳐다보지만, 나는 이미 익숙해져서 아무렇지도 않습니다."

그는 셔츠 단추를 잠그거나 넥타이와 구두끈을 맬 때 남의 도움을 받아야 하고, 동전 같은 작은 물건이 떨어졌을 때 줍기가 힘들뿐 생활에 큰 불

편은 없다고 덧붙여 말했다.

한편 편리한 점은 손 힘이 세져서 잘 열리지 않는 병뚜껑을 열거나 밀가루 반죽을 쳐댈 때는 보통 사람보다 몇 배나 큰 위력(?)을 발휘한다고 자랑하기도 한다.

그는 컴퓨터 세일즈맨으로 일하고 있으며 생활이 그다지 넉넉지는 않지만, 아내와 두 자녀를 둔 행복한 가정을 이끄는 가장이기도 하다. 다행스럽게도 두 자녀는 자신의 기형을 닮지 않은 것을 감사히 여기고 있다.

하지만 어릴 때에는 이상하게 생긴 손가락 때문에 놀림을 많이 받아 마음에 상처를 입기도 했고, 열등감에 사로잡혀 고민한 적도 많았다. 때문에 다른 아이들과 어울려 놀기 위해 손가락 힘을 기르는 물리 치료를 받기도 했다.

고교 시절에는 학교 파티에서 여자아이들이 그와 춤을 추려고 하지 않아 파티에 가기를 꺼렸다.

음주 운전으로 경찰서에 연행돼 갔을 때 자신의 이상한 손가락을 내보이기 싫어서 지문을 찍지 않으려고 피하다가 들킨 일 등등 그의 손에 얽힌 일화는 매우 많다.

그러나 첫눈에 서로 반한 아내 산드라는 그의 이

상한 손가락을 보고도 놀라지 않았다. 두 사람의 결혼에 손가락 기형쯤은 아무런 문제도 되지 않는다며 자신에게 용기를 넣어준 아내 산드라를 자랑하곤 했다.

번개 맞고 회춘

63세의 할머니가 번개를 맞고 청춘을 되찾아 25세의 젊은 여성으로 변신했다고 해서 화제다.

근착 미국의 『선』지는 칠레의 푸에르토 바라스에 사는 마리아 루이자 민데스 할머니를 화제의 주인공으로 소개했다. 7년 전에 남편을 잃고 혼자 살아온 민데스 할머니에게 기적이 일어난건 폭우와 더불어 천둥번개가 몰아치던 어느 날이다.

갑자기 비가 쏟아지자 밖으로 나간 강아지를 찾으러 집 앞에 나갔다가 그만 정통으로 번개에 맞고 말았던 것이다.

때마침 어머니를 방문했던 그녀의 딸 베로니카 크루즈는 "집 안에서 차를 마시고 있는데 번쩍 하더니 엄청나게 큰 천둥소리가 나서 들고 있던 찻잔을 놓칠 정도였어요. 그때 어머니의 비명소리가 들려 창가로 달려가 보니 물이 고인 길바닥에 누워 있더군요. 까맣게 탄 어머니의 옷에서는 연기가 피어오르고 강아지는 생쥐꼴이 되어 어머니의 얼굴을 핥고 있었어요."

어머니를 부축해서 집안으로 데려온 베로니카는 수건으로 얼굴에 묻은 흙과 물기를 닦아내다가 기절할 듯이 놀랐다고 한다.

"십대 때의 내 얼굴을 보는 줄만 알았어요. 엄마가 딸보다 젊다니……."

원래 모습인 것은 하얗게 센 머리카락 뿐이었다.

"의학적으로 볼 때 지금쯤 민데스 할머니는 땅속에 누워 있어야 옳다."는 게 그녀를 정밀 진찰한 인디오스 베가 박사의 말이다.

그녀가 살아있음은 물론 젊음까지 되찾았다는 점에 대해서 의학적으로 설명할 길이 없다는 베가 박사는 "거칠고 쭈글쭈글하던 얼굴이 부드럽고 팽팽해졌음은 물론 몸매도 20대 초반 같다."고 덧붙인다.

축 쳐졌던 유방이 탄력을 되찾았는가 하면 아이를 6명이나 낳느라고 흉하게 된 배의 튼 살도 감쪽같이 사라졌고 당뇨 증상도 완화됐다. 뿐만 아니라, 평소 나돌아 다니지도 못하고 집안에 갇혀 자녀들이 번갈아 맡기는 어린 손자 손녀 15명을 돌보도록 한 주범인 관절염까지 씻은 듯이 나은 것이다.

"신의 축복이 아니겠수? 이제 머리 염색을 할거라우."라고 말한 민데스 할머니는 재혼도 해서 새로운 인생을 살아가고 싶다고 앞으로의 표부를 말했다.

특별한 거지?

'베를린에서 그를 모르면 간첩?'

베를린 시내를 돌아다니다 보면 누구나 한 번쯤은 괴상한 생김새의 거지를 만나게 된다. 162센티미터의 키에 27킬로그램의 몸무게를 가진 작은 체구의 남자. 뼈가 들여다 보일 것 같이 창백하고 쭈글쭈글한 피부, 금방이라도 쓰러질 것 같은 가는 팔다리, 도무지 나이를 가늠할 수 없는 생김새 등 그의 괴상한 모습에 모든 사람들은 움찔 놀라곤 한다.

베를린 지하철에서 구걸을 하며 연명하고 있는 그는 올해(2002년) 39세의 스테판이라는 이름의 거지. 병적인 체중 감소 증상을 보이는 위축증을 앓고 있는 그는 소설 『양철북』의 주인공처럼 성장을 멈춘 사춘기 소년과 다름없다.

"나는 항상 14살이다. 그때 이후부터 성장을 멈추었다."라고 주장하는 그는 사실 그때 이후부터 계속해서 살이 빠지기 시작했으며 신체적으로 더 이상 자라지 않았다. 하지만 소년 시절 그가 속셈에 있어서 만큼은 천재적인 재능을 보이며 베를린 대학에서 물리학을 전공하기도 했다는 사실을 아는 사람은 아무도 없다.

누추한 차림에 약간 정신이 돈 듯한 거지가 한때 '천재' 소리를 들었다면 누가 믿겠는가.

현재 자신이 직접 쓴 글을 지하철에서 단돈 7페니히(약 40원)에 팔고 있는 그는 앞으로 코미디 프로그램의 대본을 직접 써보길 희망하고 있다. 의학적으로는 아직까지 살아 있는 게 기적이라고 하지만, 언제나 웃음을 잃지 않고 있는 그는 오늘도 열심히 베를린의 지하철에서 삶을 찾고 있다.

6
원 세상에, 어떻게 이런 일이

심장수술 받던 환자
돼지 판막이식 앓고 쇼크사

　오스트레일리아에서 57세의 여성 마가렛 헤일이 심장수술을 받던 도중 마취에서 깨어나면서 옆에 있던 2백 3킬로그램 크기의 돼지를 보고 충격을 받아 숨졌다. 그녀는 자신의 심장판막 수술에 돼지의 판막을 쓴다는 사실을 모르고 있었던 것이다.

　수술을 담당한 의사는 기자 회견을 통해 "헤일 씨가 의식을 그렇게 빨리 회복하지 않았더라면 죽을 일도 없었을 텐데…… 의식이 빨리 돌아온 것이 불행의 원인이다."라고 설명했다.

　외과의사들은 흔히 심장판막 이식수술을 할 때 돼지판막을 쓴다고 한다. 세포조직이 아주 비슷해서 사람 몸에 잘 적응하기 때문이다. 그러나 돼지를 수술실까지 끌고 들어가는 일은 별로 없다. 의사는 보다 신선한 상태로 이식하는 것이 좋다고 생각하여 돼지를 수술실까지 끌고 들어갔던 것이 사건의 발단이 된 셈이다.

 그녀의 사망원인을 '특례의 심장 정지'라고 적었다. 여기서 특례란 돼지가 수술실에 있었던 것임을 말하고 있다.

연인이 보면 장미 향기 때문에

　'나이먹는 것이 서러운 한 중년 여인이 있었다. 너무 침울해 하는 것을 보다 못한 여자의 애인은 그녀의 마음을 풀어줄 생각으로 큼지막한 장미꽃 다발을 배달시킨다. 꽃다발을 받아들고 기쁨을 감추지 못하는 여인. 그러나 행복한 순간도 잠시뿐 장미향 때문에 터져 나오는 기침을 주체하지 못하던 그녀는 그만 급성심장마비로 세상을 뜬다.'

　무슨 영화에서나 나올 듯한 얘기지만 실화다. 근착 미국의 『선』지가 전한 영국 버밍엄에 사는 연인 사이인 래리 퀵씨와 앤 록하트 여인의 기구한 사연이다.

　"내가 앤을 죽였어요. 얼마나 끔찍하게 사랑한 여인인데……"

　록하트 여인이 사망한 지 며칠이 지났지만, 아직도 눈덩이의 붉은 기운이 가시지 않고 눈물도 마르지 않은 퀵씨의 원통한 한 마디이다.

주변 사람들과 일절 연락을 끊고 집에 틀어박혀 록하트 여인의 명복을 빌고 있는 퀵씨는 "정말 일이 이렇게 될 줄은 꿈에도 몰랐다."며 비탄에 잠겨 있다.

독신 남녀인 퀵씨와 록하트 여인은 서로 깊이 사랑하는 연인 사이. 그러나 얼마 전 록하트 여인이 40회 생일을 맞으면서 나이먹는 것에 지나치게 민감해져 있어 조금은 서먹서먹해졌다. 애정이 식었다기보다는 록하트 여인이 우울증에 깊이 빠져 버린 것이다.

"앤은 '내 몸 속에 있는 시계만 빨리 돌아가나 봐. 그러니까 이렇게 자꾸만 늙지' 하며 괴로워했어요. 더구나 그녀는 아기도 낳아 보지 못해 더욱 힘들어 했고요."

보다 못한 퀵씨는 80만원이나 들여 장미꽃 2백 송이를 샀다. 그만큼 뜨거운 자신의 사랑을 표현한 것이다. 그러나 이 장미꽃 다발이 살인 흉기가 될 줄이야……

꽃다발을 받은 지 30분도 못 돼서 응급실로 실려온 록하트 여인을 치료한 담당의사 존 필립 씨는 "장미가 앤을 살해한 셈입니다. 그녀는 오랫동안 만성 천식으로 고생해 왔습니다. 그런 그녀에게

장미꽃이 죽음의 방아쇠를 당긴 셈이 된 거죠."라
고 말했다.

 사건 당일 록하트 여인의 천식이 악화되어 있었
던 것 같다는 필립 박사는 "장미 때문에 심장이
너무 부담을 느낀 나머지 그냥 정지해 버린 것으
로 추측된다."고 밝혔다. 그녀의 시신이 발견됐을
때는 그녀의 손에는 빈 약병만 들려있었다고 덧붙
였다.

 "개인적으로 앤을 잘 아는데, 그녀는 매우 아름답
고 지적인 여성이었다."며 필립 박사는 안타까움을
감추지 못했다.

 퀵씨는 "내가 그녀의 머리에 총구를 겨눈 살인
자."라고 울부짖지만, 경찰에서는 살인으로 보지
않았다.

 버밍엄 경찰국의 앨런 케인 경사는 "설사 퀵씨의
장미 때문에 사망했다 해도 고의성이 전혀 발견되
지 않기 때문에 입건할 수는 없다."고 밝혔다.

천장에서 벼안간 쏟아진
뚱녀와 변기

 화장실에 있던 여자가 엄청난 몸무게 때문에 변기에 앉은 채 바닥을 뚫고 아래층으로 떨어져 욕조의 남자를 찌부러뜨렸다.

 그렇게 되면 잘못은 이 뚱녀에게 있다는 말이 되겠는데, 법원의 판단은 그렇지 않았다. 그녀는 오히려 6만 6천달러나 되는 배상금을 받았다.

 이같은 뜻밖의 판결에 기뻐한 사람은 영국 리버풀의 한 아파트에서 혼자 살고 있는 벨라 메이슨이었다.

 체중이 82킬로그램이나 되는 그녀는 그날 밤에도 용변을 보고 싶어 화장실에 들어가 변기에 걸터앉았다. 변비 증세가 있는 그녀는 변기에 앉아 끙끙대면서 힘을 주기 시작했다.

 "아휴, 힘 들어라! 이러다간 치질에 걸리고 말겠어."

그녀가 얼굴이 붉어지며 더더욱 힘을 내리쏟고 있을 때……

"뿌―지―직!"

갑작스러운 굉음과 함께 바닥이 무너지고, 그녀는 변기에 앉은 채 아래층 욕실로 추락했다.

"으아악!"

"아, 악!"

비명과 절규가 동시에 터졌다.

벨라가 떨어진 곳은 아래층 욕실이었다. 그 방의 주인인 랠리 트레인은 운이 나쁘게도 바로, 그때 목욕을 하던 중이었다. 하루의 피로를 풀려고 몸을 욕조에 담근 그의 배 위에 뚱녀가 변기와 함께 떨어졌으니, 그야말로 날벼락이었다. 그는 신음도 제대로 흘리지 못하며 실신하고 말았다.

벨라의 신고를 받고 구급차가 달려왔다. 트레인은 복부 타박상에다 양 다리가 골절되는 중상을 당했다. 벨라도 오른쪽 손목이 골절되어 병원에 입원하게 되었다.

날벼락을 맞은 트레인은 크게 화를 내며 벨라를 고소했는데, 벨라도 역시 집주인 프레이드 존슨을 고소했다.

"웬만해서는 이런 어처구니 없는 사고가 일어날

리 없습니다. 바닥이 썩어 있어서 오래 전부터 수
리해 달라고 요구했지만, 들은 척도 하지 않았어
요. 내게는 아무 잘못도 없어요.”
　이렇게 증언한 그녀에게 집주인 존슨은 맹렬히
반격했다.
　“저 여자가 뚱보여서 그렇게 된 거라니까요. 저렇
게 뚱뚱한 몸으로 변기에 앉아 힘을 주면 어떤 바
닥이든지 무너질 거예요. 그러니 전적으로 저 여
자의 잘못이예요.”
　사건을 담당한 판사는 “어떤 체구의 여성도 지탱
할 수 있는 튼튼한 바닥을 유지할 책임이 집주인
에게 있다. 따라서 피고에게 배상금 지불을 명한
다.”고 벨라에게 승소 판결을 내렸다.
　“하지만 원고의 무거운 체중도 이 불행한 사건이
발생한 원인들 중의 하나라는 사실을 잊지 말도
록!”
　판사가 덧붙인 말에 그녀는 거구를 떨면서 항의
했다고 한다.
　“체중이 무거운 것도 죄란 말인가요?”

악어의 눈물에 속아 끔찍한 죽음

자기가 키우고 있는 악어에 물려 죽은 사나이의 이야기이다.

제이슨 오니코프는 미국 플로리다에서 살고 있는 47세의 환경보호주의자이며 동물애호가이다. 지난 10년간 상처 입은 악어들을 치료하고 돌보는 일로 플로리다 일대에서 유명한 사람이다.

이 동물애호가가 스스로 돌봐오던 악어에 물려 죽는 끔찍한 일이 벌어졌다.

미국 대중지 『위클리 월드뉴스』지 보도에 따르면 제이슨은 악어에 물어 뜯겨 전신이 갈가리 찢어졌고, 그 일부는 악어가 먹어치웠다는 끔찍한 이야기이다.

제이슨은 평소 안전을 염려하는 주위 사람들에게 늘 "이 악어는 애완 고양이만큼 온순하다."고 말해 왔다.

제이슨은 플로리다 일대에서 다친 악어들을 집에

데려다가 직접 먹이를 주고 자신의 집 근처에서 마치 애완동물처럼 키웠다. 심지어는 침대에서 같이 자기도 했으며 목욕도 시켰다.

제이슨의 절친한 친구인 아널드 워신버그 씨는 "몇 번이나 파충류는 어떤 행위를 할지 알 수 없다고 경고했지만, 제이슨은 듣지 않았다. 또 그들은 실제로 너무 친해 보였다."고 말했다.

동물 전문가이기도 한 워신버그 씨에 따르면 파충류는 애정에 반응하는 상태가 포유류 동물과는 전혀 달라서 처음 얼마간은 길들여지는 듯하다가도 언젠가는 특별한 이유없이 공격적인 본능을 드러낸다는 것이다.

제이슨의 시신은 근처 에버글레이드 야생동식물 보호지역과 관련된 문제를 의논하기 위해 출두를 요구했으나 나타나지 않는 것을 이상하게 여기고 집을 방문한 관계 당국자에 의해 발견됐다.

부엌 바닥에서 발견된 그의 시신은 목이 떨어져 나가 있었으며, 왼팔은 거의 없었다. 제이슨을 해친 약 2미터 짜리 살인 악어는 침대 밑에서 잡혔는데 해부한 결과 위 속에서 인육이 다량 검출됐다.

연주하다가 머리가
폭발한 트럼펫 악사

　이탈리아의 어느 클럽 무대에서 트럼펫 연주자가 '디 임파서블 드림'이라는 곡을 신나게 연주하고 있었다. 곡이 클라이맥스에 이르자, 그는 마지막 고음부를 연주하기 위해 이제까지 연주하던 것보다 더욱 강하게 숨을 불어넣었다.

　바로 그 순간, 정말 끔찍한 일이 벌어졌다.

　가까이에서 무대를 보고 있던 길베르트 프랑코니가 그때의 일을 회상하면서 언짢은 표정으로 이렇게 증언했다.

　"정말 어이없는 광경이었어요. 그의 머리가 갑자기 탱탱하게 부풀어오르더니 풍선처럼 펑 하는 소리를 내면서 폭발해 버리더군요. 피가 사방 여기저기로 튀었어요. 내 옆에 앉아 있던 테레사는 아름다운 금빛 머리털에서 핏방울을 흘리며 자지러지게 비명을 지르더군요. 우리 앞쪽에 있던 여자는 이미 기절해 있었고, 그녀의 옆에 있던 남자는 먹은 것을 테이블 위에 모두 토해 버렸어요."

사람들은 저마다 비명을 지르면서 출구 쪽으로 몰려갔다. 그야말로 피비린내 나는 콘서트가 되어 버렸지만, 다행스럽게도 아수라장이된 홀에서 더 이상의 사고는 발생하지 않았다.

머리가 폭발하여 즉사한 우고 솔러리라는 연주자도 즉시 동료 악사들에 의해 병원으로 실려 갔다. 사인을 조사한 의사 로베르트 파리치는 트럼펫을 너무나 강하게 불었기 때문에 압박을 받은 두개골의 혈류가 뼈를 뚫을 만큼 강한 기세로 뿜어나온 것이라고 설명했다.

"두개골의 이음매는 아주 얇아서 가벼운 충격에도 영향을 받게 됩니다. 우고 악사의 두개골 옆면에 커다란 동전 크기의 구멍이 뚫려 있었어요. 뇌의 골수 일부가 그곳에서 새어 나오고 있더군요."

트럼펫 연주자들 중에는 편두통으로 고통 받는 사람이 많으며, 그것을 이유로 음악 활동을 중단하는 일도 적지 않다는 것이 그의 설명이다.

"트럼펫을 연주할 때는 상당한 폐활량을 필요로 하므로 지나치게 열중해서 계속 불어댈 때 자칫하면 산소 결핍 상태가 오게 됩니다. 흔히 보랏빛

안색이 되어 트럼펫을 부는 경우를 보게 되는데,
그때가 바로 위험한 상태죠. 우고처럼 머리가 폭
발하는 일은 웬만해서는 없겠지만 말입니다.”

총알의 저주(?)

　할아버지 몸에 박혔던 총알이 손자를 죽였다.

　참으로 어이없는 일이 얼마 전 미국의 시카고에서 일어났다. 미국의 대중 주간지『선』최근호는 할아버지 앨런 메릿 씨가 맞았던 총알 때문에 목숨을 잃은 그의 손자 존의 기구한 사연을 전해 눈길을 끈다.

　1944년 당시 23살의 젊은 미군 병사 앨런 메릿 하사는 프랑스 노르망디 상륙 작전에 참여하게 됐다. 제2차 세계대전의 판도를 바꿔 놓은 역사적인 전투에 참여한 그는 상륙함에서 내리자마자 전열의 최선두에서 열심히 싸웠다. 그런 그의 가슴에 독일군 저격병이 쏜 총알이 박혀 버렸다. 8미리짜리 모제르 총알이 메릿 하사의 가슴을 뚫고 들어가 심장을 아슬아슬하게 피한 후 척추 부근의 근육에 박힌 것이다.

　총상 직후 영국의 한 야전병원으로 옮겨진 메릿

하사는 장시간의 수술 끝에 목숨을 건지게 됐다. 당시 수술에 참가했던 의사가 하마터면 그의 목숨을 끊었을 지도 모를 총알을 선물(?)로 건네줬고 메릿 하사는 심장을 약간 빗나간 그 총알을 행운의 징표라고 생각하여 미국으로 돌아온 후 내내 지니고 다녔다.

그러던 그는 지난 1986년 봄, 시카고 자신의 집 뒷마당에서 갑작스런 심장 발작으로 쓰러지고 말았다. 응급조치도 받아보지 못한 채 즉사했다. 바로 그때, 그의 재킷 안에 들어있던 총알이 굴러나와 마당 잔디밭 어딘가에 숨어 버렸다. 물론 유가족들은 그 총알에 대해 관심이 없었다.

그러다가 문제는 지난 96년 9월에 일어났다. 그의 손자 존은 새로 산 잔디 깎는 기계의 성능을 실험해 보다가 그만 그 자리에서 숨이 끊어지고 말았다. 존이 갑작스럽게 죽자 사인을 밝혀내기 위해 부검을 했고, 그 결과 왼쪽눈 부근에 박혀 있던 모제르 탄환을 발견한 것이다.

아무도 어떻게 된 일인지 정확하게 알지는 못한다. 다만 잔디 깎기의 칼날이 잔디밭에 숨어있던 총알을 집어 올리다가 놓치면서 존의 얼굴 쪽으로 날아간 것이 아닐까 하고 추측할 뿐이다.

　세상에는 과학이나 상식으로 설명되지 않는 일들
이 종종 일어나곤 한다. 이와 같은 존 메릿의 죽
음도 달리 설명할 방법이 없다. 그저 총알의 저주
라고 말할 수밖에.

2년 반만에 옷장 속에서
해골로 발견된 도둑

물건을 훔치기 위해 대저택에 들어갔다가 옷장 속에 숨었던 도둑이 그만 심장마비로 숨진 채 2년 반만에 앙상한 해골로 발견되었다.

이 기가 막힌 이야기는 서인도제도 북부에 위치한 바하마의 수도 나소에서 발생했다.

오랜 외국 여행에서 돌아온 집주인이 침실의 옷장을 정리하다가 옷들 사이에 끼인 이 유골을 발견했는데, 경찰에 따르면 지난 1993년 7월 어느 날 밤, 이 집에 연결된 경보기가 울려 출동한 적이 있었는데, 그때 도둑을 잡지 못했다는 것이다. 그 당시 집주인은 프랑스에 살고 있어 문제의 집은 비어 있었다.

어쨌든 이 유골의 치아 감식을 통해 신원을 확인한 결과 그는 여러 번의 절도 전과가 있는 리날도 포르리노라는 좀도둑인 것으로 밝혀졌다. 원래 심장 질환을 앓고 있던 그는 이 날 주인이 없는 빈 집에 들어가 물건을 훔치던 중 갑자기 울리는 비상벨 소리에 놀라 겨울옷을 넣어두는 옷장 속에 숨었다가 심장마비를 일으켜 숨진 것이라고 경찰은 추정하고 있다.

 당시 경찰은 몇 시간 동안이나 집안 여기저기를 뒤졌지만, 결국 도둑을 찾지 못했다. 이때 옷장 속에 숨어 있던 포르리노는 엄청난 심리적 압박을 받게 되었으며, 이것이 심장마비의 원인이 되었을 것이라고 경찰은 추정하고 있다.

 해골로 발견된 이 도둑은 숨었을 때의 모습 그대로 옷과 옷 사이에 꼿꼿이 서 있었다.

 이 집은 침실만 12개에 이르는 대저택이다. 그런데 이 가엾은 도둑이 해골로 발견된 날짜는 1996년 2월 23일, 그리고 이 집의 주인이 여행에서 돌아온 것은 한 달 전인 1월이었다. 따라서 집주인은 한 달 동안이나 자기 옷장 속에 해골을 넣어둔 채 같이 산 셈이라는 계산이 나온다.

아빠가 다른 쌍둥이 보셨나요?

두 쌍둥이든 세 쌍둥이든 쌍둥이의 아버지와 어머니는 각각 한 사람이어야 정상이다. 그런데 미국에서 아버지가 서로 다른 딸 쌍둥이가 태어나 경천동지할 일이 발생하여 세인의 관심을 집중시키고 있다.

근착 미국의 주간 『스타』지에 따르면 이런 괴상망측한 일이 벌어질 의학적 확률은 1천만 분의 1이다. 1천만 쌍의 쌍둥이 가운데 한 쌍이 탄생할 가능성이 현실로 드러난 것이다.

그 희소성으로 인해 매스컴의 집중 포화를 받고 있는 인물은 딸 쌍둥이 어머니인 브랜다 테일러와 그녀의 현재 남편 딘 테일러 그리고, 전 남편인 피터 토네슨 세 사람의 관계에 의해 짓궂은 자연의 조화로 태어난 쌍둥이의 이름은 메건과 로렌이다.

메건과 로렌은 94년 5월, 예정일을 7주 가량 남

겨둔 채 미숙아로 태어났다. 당시 매건의 몸무게
는 1.81킬로그램, 로렌의 몸무게는 1.36킬로그램이
었다.

한 달, 두 달 시간이 지나며 아이들의 윤곽이 뚜
렷해질수록 남편 딘은 "메건은 나를 쏙 뺐는데, 로
렌은 아무도 안 닮았단 말이야."라며 아내 브렌다
에게 자주 이상하다는 말을 건넸다. 처음 한두 번
은 "이란성인가 보죠 뭐."하고 무심히 지나쳤던 브
렌다는 어느 순간부터 감당할 수 없는 불안감에
휩싸였다. 쌍둥이를 갖게 되었을 때의 기억이 문
득 떠올랐기 때문이다.

94년 1월 16일 브렌다는 전 남편 토네슨의 집을
방문했다. 토네슨이 전 부인과의 사이에서 얻은
칼과 브릿을 사랑했던 브렌다가 아이들과의 약속
을 지키기 위해서였다. 브렌다가 아이들을 재우고
집을 나서려 할 때 토네슨이 그녀를 덮쳤다. 아이
들이 깰까 두려워 소리조차 지르지 못했다는 것이
그녀의 말이다.

그리고 16시간 뒤 브렌다는 자신이 사랑하는 딘
과 관계를 가졌다. 임신 사실을 처음 알았을 때
쌍둥이의 아빠가 누구일까 하는 문제로 잠시 괴로
워 하기는 했지만, 이렇게 아빠가 다르리라고는

상상도 못했던 그녀는 "로렌이 우리를 안 닮았다."는 딘의 반복되는 투정과 로렌을 볼 때마다 토네슨이 떠오르는 불안감에 쫓기다 못해 DNA(유전자) 검사를 받기로 결심했다.

그리고 결과가 나왔을 때, '메건은 딘의 딸이지만 로렌은 토네슨의 딸'이라는 사실에 브렌다는 하늘이 무너지는 줄 알았다.

콜로라도 대학 내분비학과 부교수인 브래들리 허스트 박사는 "배란 기간에 두 개의 난자가 형성됐고, 각기 다른 정자와 만난 아주 드문 결과"라며 지난 백년 동안 아빠가 다른 십여 쌍의 쌍둥이가 태어났다는 자료를 본 적이 있으나 실제로 보게 될 줄은 몰랐다고 놀라움을 감추지 못했다.

DNA 검사 결과가 알려지자, 토네슨은 법원에 로렌의 양육권 소송을 신청했고, 딘은 이에 맞서 두 아이를 갈라놓을 수 없다며 맞고소를 해 놓은 상태이다.

토네슨은 "그날 밤의 일은 어디까지나 브렌다가 원해서였다."며 어떻게든 로렌을 되찾겠다고 나섰고, 브렌다를 진심으로 사랑하는 딘은 "우리 부부가 쌍둥이를 키워야 한다."며 애타게 호소하고 있다.

결혼식 도중에 아기를 낳은 신부

장엄한 오르간의 음률이 높고 낮게 교회 안을 흐르자, 신부가 음악에 맞춰 입장하고 있었다. 온화한 웃음을 띤 목사가 부부의 인연을 맺어 주기 위해 신랑과 신부를 불렀다. 얼굴을 마주 보며 행복한 듯이 싱긋 웃은 두 남녀는 팔을 끼고 목사 앞으로 나아갔다.

"그럼 이제부터 하느님 앞에서……."

목사가 그렇게 말했을 때, 새파랗게 젊은 신부가 갑자기 미간을 찌푸리며 쭈그리고 앉았다.

"우, 우, 우 욱—"

"왜 그러는 거지요?"

당황해서 묻는 목사에게 신부는 자신의 아랫배를 손으로 누르며 더욱 심하게 고통을 호소했다.

"여기가 아파요. 갑자기 찌르는 것처럼, 아 앗!"

거기까지 말하던 신부는 단상에서 쓰러졌다.

결혼식을 치르던 신부가 하필이면 단상에서 아기

를 낳다니! 이 전대미문의 희한한 사건이 일어난 곳은 독일의 베를린에 있는 한 교회였다.

신부가 쓰러졌다는 연락을 받고 구급차가 달려왔는데, 그녀를 진단한 파라메딕스[의료 행위가 허용된 구급 대원]의 안색이 변했다.

"이것 참, 신부는 임신 중입니다. 더욱이 아기는 벌써 밖으로 나오려하고 하는걸요."

갑자기 단상에서 쓰러진 신부 이루마 슈란츠(19세)의 복통은 아기를 낳기 전의 진통이었던 것이다. 산부인과로 옮길 시간적인 여유가 없었다. 그렇게 판단한 구급 대원은 결혼식에 참석한 여성들 중에서 도와 줄 사람 몇 명을 골랐다.

"다른 분들은 밖으로 나가 계십시오. 이봐요, 신랑! 아빠가 나가서는 안 되지. 아기가 태어나는 걸 보아야 되잖아요."

무안해진 젊은 신랑 하인츠 핸징거(21세)는 당황하면서 어쩔 줄 몰라 했다.

1시간 후 이루마는 신성한 단상에서 토실토실한 사내아기를 무사히 낳았다. 탯줄을 자른 후, 중단되었던 나머지 결혼식이 불과 2, 3분 동안 속행되었다.

"이루마 슈란츠, 그대는 이 하인츠 핸징거를 사랑

하고……."

목사가 말하자 신부가 작은 소리로 중얼거렸다.

"무엇이든 맹세할 테니까 빨리 끝내 주셨으면 고맙겠어요. 아직도 배가 아파서……."

그리하여 정식으로 부부가 된 하인츠와 이루마는 갓 태어난 아기와 함께 곧바로 병원으로 옮겨졌다.

이루마는 원래 생리가 불순했던 터라, 생리가 중단되기는 했어도 임신했을 것이라는 생각은 조금도 하지 않았다. 하인츠도 역시 같았다. 그는 결혼식 전에 그녀의 배가 부른 것을 보고 이런 농담을 던졌다고 한다.

"너무 과식했군, 뚱뚱해지면 결혼식을 취소할 거야!"

40년 된 장님이 눈을 떴다

'40년 된 맹인이 눈을 떴다.'

소설 속의 심봉사도, 예수의 기적도 아니다. 최근 미국에서 일어난 실화다.

이 기적의 주인공은 뉴저지주 캠튼에 살고 있는 1996년 현재 40세의 아더 런던 씨였다. 이 기적에는 한 마리의 개가 등장한다. 바로 런던 씨의 맹도견인 브로노다. 개에 걸려 넘어지면서 식탁에 머리를 부딪혔는데 갑자기 세상이 환하게 보이게 됐다는 믿기 어려운 얘기이다. 그러나 실제 당사자가 있으니 믿지 않을 수도 없다.

기적이 일어난 것은 96년 3월 12일, 전화로 물건 판매 직업을 가진 런던 씨는 집안에서 움직이다가 개에 걸려 넘어졌던 것인데, 이 개가 바로 지난 6년 동안 자신의 눈이 돼 준 브루노였다.

'아차' 하면서 머리를 식탁에 찧었다. 그런데, 이것으로 40년 악몽이 날아가 버린 것이다.

런던 씨는 "처음에는 무슨 일이 벌어지고 있는지 몰랐다. 뭔가 보이는 것이었다. 손을 눈앞에 들어 쳐다 봤다. 보였다."고 당시의 감격을 되새겼다.

런던 씨가 시력을 잃은 것은 생후 4개월 되던 때, 정확한 병명은 당시나 지금이나 불분명하지만 의사들은 뇌 속에서 모종의 이상 현상이 일어났고, 이것이 어찌된 일인지 시력을 빼앗는 쪽으로 작용했다고 했다.

런던 씨는 "그때 의사들이 부모에게 스위치가 망가지는 것 같은 묘한 현상이라고 설명하는 말을 들었다."며, 누군가가 전원 스위치를 꺼버린 꼴이었다고 회고했다.

이 기적이 일어나자 10명 가까운 안과의사 등 전문가들이 런던 씨를 검사했다. 그러나 어느 누구도 확실한 이유를 설명하지 못하고 있다. 다만 꺼졌던 스위치가 어떤 계기로 다시 켜지게 됐다는 식의 막연한 얘기만 하고 있을 뿐이다.

런던 씨는 나름대로의 해석을 내린다.

"나는 오랜 세월에 걸쳐 시력을 되찾게 해 달라고 기도했다. 간절히 빌었다. 신이 내 기도에 응답하셨고, 그 매개로 사랑스러운 맹도견 브루노를 내게 보내주신 것이다."

런던 씨는 또 "남은 인생을 신에게 감사하며 살겠다. 브루노에게도 감사할 것이다."며 "그때 브루노가 엉뚱하게도 내 발밑의 이상한 자리에 있지 않았다면, 그래서 내가 걸려 넘어지지 않았다면, 나는 아직도 맹인일 뿐이다."라고 말했다.

삼형제 세자매가 세 쌍의 부부로

삼형제를 둔 집과 세자매를 둔 집이 이웃에서 살고 있었는데, 이들 6명이 모두 한 집안과 결혼하여 가정을 이루었다. 삼형제가 모이면 동생은 형에게 '형님'이라 부른다. 그런데 세자매가 모여도 동생이 언니를 '형님'이라 부른다. 왜 그럴까?

이 수수께끼의 정답은 의외로 간단하다. 삼형제와 3자매가 서로 결혼하여 '겹겹사돈'을 맺은 까닭이다.

미국의 웨스트 가(家)와 가펜터 가(家)가 화제의 부부 세쌍을 탄생시킨 두 집안의 이야기다.

『내셔널 인콰이어러』지 최신호는 맥스 젤리 래리 웨스트 형제와 조이스 샌드러 린다 가펜터 자매가 '사랑의 작대기'를 평행선으로 주고받은 이색 사연을 소개했다.

여섯이 모두 한 가족이 되기까지 걸린 시간은 장장 십년. 그리고 그 시작은 30여년 전으로 거슬러 올라간다.

 30년 전 제리의 23번째 생일 파티가 열리던 날, 그의 어머니는 평소 참한 아가씨로 점찍어 둔 샌드러와 제리를 만나게 하기 위해 블라인드 데이트[제삼자의 소개에 의한 안면이 없는 남녀의 데이트]를 주선했다. 영화에서처럼 두 사람은 첫눈에 반했다.

 제리는 보자마자 사랑에 빠졌다고 당시를 회상했으며, 샌드러는 무뚝뚝한 나와 달리 다정다감하고 농담도 잘 했다. 나는 단 한번에 그에게 끌렸다고 말했다.

 4개월 후 두 사람은 약혼했고, 66년 7월 결혼에 골인하여 양가의 첫 커플이 됐다.

 그런데 제리의 생일파티 때 이미 또 한 쌍의 가슴 속에 큐피드의 화살이 날아와 박혔다. 언니를 따라 온 동생 린나와 제리의 동생 래리가 서로에게 호감을 느꼈던 것이다. 래리는 17살, 린나는 14살이었다.

 "그날 래리가 나를 집에 바래다 주면서 데이트가 시작됐고, 3년 후인 1969년 내가 고등학교를 졸업하자마자, 우리는 부부가 됐다."고 린다는 옛 기억을 되살렸다.

가장 마지막에 이루어진 커플은 양가의 맏이 조이스와 맥스 부부였다.

69년에 조이스는 남편과 사별한 상태였고 맥스는 첫 결혼에 실패, 이혼한 홀아비였다. 린다와 래디는 큰언니와 큰형을 초대, 결국 두 사람 사이에도 불꽃이 오갔고, 76년 또 한 번의 웨딩마치가 울려 퍼졌다. 맥스와 조이스의 신혼 여행에는 래리와 린다, 제리와 샌드러 커플이 동행했다.

그렇게 맺어진 3쌍의 형제 자매 커플은 이제 대가족을 이루었다. 3커플 사이에 난 아들 딸이 13명, 손자 손녀가 16명, 그리고 이들의 짝꿍까지 합하면 모두 104명이나 된다. 한 마을에 옹기종기 모여 사는 이들은 누군가 이사를 가면 우르르 따라갈 정도로 가족간의 친목도 남다르다.

"가족들만 가도 교회가 꽉 찬다."며 웃음을 터뜨리는 이들은 "동서들간에 시샘도 없고 정말 좋다."는 자랑을 잊지 않았다.

형제를 상봉시킨 추돌 사고

손목시계를 쏘아보면서 조니 바스(55세)는 액셀 레이터를 밟은 발에 힘을 주었다.

미국 일리노이주 시카고의 하이웨이. 시내의 인쇄 공장에 근무하는 조니는 거래업자와의 상담 장소로 가기 위해 차를 몰고 있었다. 그날은 전에 없이 차가 몹시 밀리는 데다가 설상가상으로 거래처의 고객은 시간을 잘 지키기로 소문난 사람이었다.

조니는 빈 틈을 찾아 이리저리 차선까지 변경해 가며 서둘렀다. 그런데 한 대를 제치고 추월 차선으로 나갔을 때였다. 바로 앞의 차가 갑자기 급 브레이크를 밟았다. 당황한 그도 브레이크를 힘껏 밟았다.

"끼이익! 쾅!"

타이어가 미끄러지는 소리에 이어서 느껴지는 심한 충격, 조니의 차는 앞차와 추돌하고 말았다.

조니는 울화통을 터뜨리며 차에서 뛰어내렸다. 앞차로 달려간 그는 운전자에게 다짜고짜 욕설을 퍼부었다.

"야, 이 멍청한 자식아! 그렇게 속도를 내다가 급브레이크를 밟으면 어떡해!"

욕을 먹은 상대방도 듣고만 있지는 않았다. 운전석에서 나온 그는 두 눈을 부라리며 호통을 쳐댔다.

"시끄럿, 이 빌어먹을 자식! 왜 남의 차를 들이받는 거야!"

"뭐라고? 이 자식이!"

말싸움이 10분 정도 계속되었을 때였다.

"어, 엇?"

조니가 갑자기 눈을 크게 뜨면서 상대방의 얼굴을 쳐다보았다.

"혹시 형, 형님 아니신가요?"

그 말을 들은 상대방도 섬뜩해졌다.

"조, 조니가 아니냐?"

조니가 추돌한 상대는 25년 전에 생이별해 소식을 모르고 있던 친형 빌(57세)이었던 것이다.

"형님, 얼마나 찾아 헤맸는지 아세요?"

"나도 그랬단다. 이 사고야말로 하느님께서 우리

를 만나게 해주려고 만드신 거구나. 그건 그렇고, 너 그 동안 상당히 늙었구나.”

형제의 두 눈에서 갑자기 쏟아지기 시작한 눈물.

추돌 사고를 일으킨 두 사람 때문에 고속 도로는 구경꾼들로 인한 정체 상태가 되었는데, 서로 욕지거리를 퍼붓던 두 사람이 눈물을 흘리면서 부둥켜 안고 있으니, 누구나 머리를 갸우뚱하며 의아해 할 수밖에.

하이웨이 위에서 펼쳐진 가슴 뿌듯한 형제 상봉극은 그렇게 이루어졌다.

애완용 황소개구리의 충성

황소개구리가 어린 소녀의 목숨을 구했다. 그곳도 두 번씩이나 말이다.

미국의 근착 『위클리 월드뉴스』지는 산타페의 한 마을에서 애완용 황소개구리인 에블 크니벨이 두 번에 걸쳐 자신의 주인 니키 그린스탈(9)의 생명을 구해준 믿어지지 않는 일이 일어났다고 보도했다. 의리의 황소개구리 에블이 처음으로 니키의 생명을 구해 준 것은 4년 전 다섯 살 때였다.

어느 날 밤, 니키의 집에 화재가 발생했다. 연기 냄새를 맡은 에블은 불이 난 것도 모르고 잠들어 있는 니키의 얼굴에 뛰어올라 깨웠고, 니키는 다른 식구들을 깨워 모두 대피할 수 있었다.

니키의 가족들은 무사했으나 안타깝게도 '우리의 영웅' 에블 크니벨은 불에 탄 나무토막에 맞아 오른쪽 눈을 다쳤다.

에블의 영웅담은 여기서 끝나지 않는다. 에블은

지난 6월 성난 도사견의 공격을 받아 죽을 뻔한 니키를 다시 한 번 구해 주었다.

사자처럼 튼튼한 심장을 가진 의협심 강한 에블은 니키의 다리를 물고 있는 도사견의 눈을 찔렀다. 황소개구리의 느닷없는 공격을 받은 도사견이 방심한 순간 니키는 집안으로 안전하게 피할 수 있었다. 에블도 뛰어서 집안으로 몸을 피했다.

니키는 에블이 세상에서 가장 절친한 친구라면서 "자기의 목숨을 걸고 두 번씩이나 내 생명을 구해 주면서 나를 얼마나 사랑하는지를 보여 주었다."고 자랑스러워 했다.

니키의 어머니도 "아무리 하찮은 생물이지만, 그가 우리 가족을 위해 한 일은 절대로 잊을 수 없을 것"이라며 "고마운 마음은 어떤 말로도 표현할 수 없다."고 감격해 했다.

제인은 "4년 전 에블이 니키를 구해 줬을 때는 그냥 그러려니 했는데, 이번에 에블이 자기 목숨을 내던지며 니키를 구해 준 것은 정말 감동적이었다."면서 "내 딸 니키와 개구리 에블의 인연은 믿어지지 않을 정도로 끈끈하다."고 말했다.

황소개구리와 소녀 사이에 전생에 무슨 인연이라도 있었던 것일까.

2백 명의 여자에게
성의 노예가 되었던 남자

'한 달 동안에 2백 명의 여성과 섹스를 했다.'

무척이나 희한한 체험을 고백한 남성이 남미 브라질의 수도 브라질리아에 살고 있다.

파일럿이 직업인 로널드 다비슈는 그날 아마존 강 유역에 있는 전도관의 선교사들에게 물자를 가져다 주기 위하여 단발 엔진이 달린 경비행기로 브라질리아를 출발했다.

"이거 큰일났군!"

비행 도중에 유압계가 고장 나게 되자, 그의 안색은 단번에 창백해졌다. 이대로 간다면 정글 한복판에 불시착해야 한다. 그는 기수를 숙이고 저 멀리 눈아래에 보이는 초록빛 정글을 향해서 하강하기 시작했다.

"쾅—, 콰콰콰아— "

격렬한 충격과 심한 통증을 느끼면서 그는 의식

을 잃었다.

정신이 든 다비슈는 멈칫했다. 그의 눈앞에 여러 개의 새까만 얼굴들이 보였기 때문이다. 정글 속에 사는 어느 부족의 얼굴들이었다.

그들은 다비슈가 전혀 알아들을 수 없는 말로 지껄이더니, 온몸에 타박상을 입은 그를 마치 사냥해서 잡은 포획물처럼 자기들의 마을까지 운반해 갔다.

"처음에는 멋도 모르고 이제 살았구나 하고 생각하며 안도의 숨을 내쉬었지요. 그들의 얼굴이나 거동은 무서워 보였지만, 상처를 치료해 주고 먹을 음식도 주었기 때문이죠. 환영해 주겠다는 뜻에서였는지, 상반신을 드러낸 마을 여성들이 내 주위를 돌며 춤을 추기도 했어요."

그러나 다비슈의 상처가 회복되자, 그들의 행동이 이상해졌다.

"풀잎으로 지붕을 이어 올린 작은 움막으로 나를 데리고 가더군요. 그 안에는 십여 명이나 되는 마을 처녀들이 나를 기다리고 있었는데, 무엇이 그리도 우스운지 모두들 키득거리며 웃고 있더군요."

촌장인 듯한 남자가 뭐라고 말하자, 처녀들은 완전히 벌거숭이가 되더니, 다비슈의 옷을 벗기기 시작했다.

"그제서야 머리에 번쩍 떠오르더군요. 나는 그들에게 '성의 노예'로 잡힌 것이라는 생각이……"

그러한 분위기였으니 거절할 입장이 못 되었다. 4시간 후 다비슈는 처녀들 모두를 상대하여 가늠 수 없이 지친 몸이 되고 말았다. 그런데 그들은 그를 또다시 다음 움막으로 데리고 갔다. 그 움막에도 역시 십여 명이나 되는 처녀들이 그를 기다리고 있었다.

그리하여 다비슈는 결국 1개월 동안 2백 명이나 되는 마을 처녀들의 섹스 상대역을 끝낸 다음에야 가까스로 해방되었다.

"정글 부족들 중에는 백인 아기가 태어나면 신으로 생각하고 숭배하는 풍습을 가진 부족이 있습니다. 그는 어쩌면 백인 아기를 낳기 위한 '종마'가 되었던 것인지도 모르지요."

어떤 민속학자의 설명이다.

기막힌 체험을 한 다비슈는 당분간은 섹스에 대해서 생각하고 싶지도 않다며 긴 한숨을 내쉬었다.

카인과 아벨의 환생인가?

　카인과 아벨의 환생인가, 악마의 자식인가?

　최근 페루의 한 작은 도시에서 아직 태어나지도 않은 쌍둥이 형제가 싸움을 벌여 동생이 형을 살해하는, 도저히 믿을 수 없는 사건이 벌어졌다고 한다. 근착 미국의 『선』지가 전한 이 소식은 괜히 남의 말하기를 좋아하는 어른들이 꾸며낸 소문이 아닌지 의심스러울 정도로 충격적이다.

　사건의 무대는 페루의 남부 아레쿠파라는 작은 도시에서였다. 출산을 앞두고 있는 미혼모 에바베로네스(28)는 갑자기 엄청난 통증이 복부에서 일어나 견딜 수가 없었다. 간신히 몸을 이끌고 아레퀴파 의료원을 찾은 그녀를 진찰한 의사들은 두 아기를 살려 낼 방법은 제왕절개 수술 밖에는 없다고 판단하고 곧바로 수술실로 옮겼다.

　그런데 그 수술실에서 충격적인 사건에 접하게 되었다. 당시 현장을 목격한 이 병원 산부인과 의

사 크레오파스 구아예로스 박사는 "수술을 할 겨
를도 없이 첫 아기가 이미 사산되어서 나오더라."
고 말했다. 아이의 몸에 탯줄이 칭칭 감겨 이미
질식사한 상태. 몸이 파랗게 변했는가 하면 목도
부러져 있더라는 것이다.
 도대체 태아가 왜 이렇게 되었는지 몰라 어안이
벙벙해 있던 의료진들은 두 번째 아이가 나오면서
그 이유를 알게 되었다. 그 아이는 어머니에게 연
결돼 있어야 할 형의 탯줄 한쪽 끝을 조그만 손으
로 꼭 쥔 채 멀쩡하게 태어난 것이다.
 "내 평생 이런 해괴한 경우는 처음 봅니다. 아니,
의학공부를 시작한 이래 이와 같은 일이 있었다는
사례는 듣지도 보지도 못했습니다."라고 말한 구아
예로스 박사는 아직까지도 그 충격에서 벗어나지
못하고 있다. 그나마 다행스럽게 생각하는건 쌍둥
이의 싸움으로 생명까지 위험했던 산모가 무사하
다는 점이다.
 그렇다면, 정말 쌍둥이 끼리 싸웠을까? 산모 에
바는 "갑자기 상상조차 할 수 없는 통증이 왔습니
다. 두 아기가 태내에서 치고 받고 싸우는지 그
충격이 엄청났습니다. 그 순간 내 몸 안에 악마가
들어있구나 하고 생각했어요."라고 당시의 상황을

밝혔다.

이같은 사건을 두고 지금 페루의 사법 당국은 매우 난처한 입장에 처해 있다.

"세상에 태어나기도 전에 살인을 한걸 어떻게 우리 손으로 처벌할 수 있겠습니까?"라고 반문하는 강력계의 파블로 멘티라스 형사는 정말로 의도적인 살인이었는지 아니면, 우발적인 사고였는지 어떻게 알 수 있겠느냐며, 이 사건에 대한 사법적 처벌은 자신의 권한 밖이라고 말했다.

결국 죽은 아기는 사망 2일 후에 외가 식구와 성직자, 병원의 몇몇 의사들만이 참석한 가운데 공원묘지에 묻혔다. 그리고 누가 살인범이든 간에 살아남은 아이를 아벨이라고 부르겠다는 산모 에바의 결심에 따라 남은 아이의 이름은 아벨이 되었다.

7
억세게 재수 없는 사람들

키스 할 때의 주의 사항

키스를 할 때는 조심 또 조심해야 한다. 얼마 전에 프랑스 파리에서 한 남녀가 키스를 하다가 사망하는 사건이 발생했기 때문이다.

지난 2002년 9월의 어느 날, 프랑스 파리에서 젊은 남녀가 싸늘한 시신으로 발견됐다. 필드(21)와 미시(19)가 죽은 상태로 발견된 장소는 바로 미시의 집 거실에서였다. 그것도 두 사람이 마주 앉아 꼭 껴안고 다정하게 키스하는 자세로 발견되었다.

두 남녀의 시체에는 아무런 손상도 없었다. 독살된 흔적도 총에 맞은 총상도 칼에 찔린 상처도 전혀 찾아볼 수가 없었다.

즉시 부검이 시작됐고, 발견 당시 죽은 지 3시간 정도 지난 것으로 밝혀졌다. 그리고 사망 원인은 감전사로 결론 지었다. 두 사람의 몸에는 감전될 만한 전선과 코드가 전혀 붙어 있지 않았다. 그래서 사람들은 도저히 믿을 수 없다는 표정을 지었다.

　이에 검시관은 "두 사람을 죽인 범인은 바로 진한 키스였다."며 씁쓸한 표정을 지었다.

　검시관이 밝힌 사인에 따르면 필드와 미시가 죽던 날 유난히 공기가 건조했는데, 그러한 상태에서는 정전기가 발생하기 쉽다는 것이다. 거실에 혼자 있던 미시의 몸에도 당연히 그 정전기가 가득 차 있었고, 필드가 그런 미시를 끌어안고 키스를 하는 순간 두 사람은 정전기에 감전되어 쇼크사 했다는 것이다.

　키스하기 전에는 갖춰야 할 에티켓이 있다. 식사 후라면 껌·사탕·가그린 등을 이용해서 입 안을 청결하게 하는 동시에 음식 냄새가 나지 않도록 해야 한다. 기본적으로 입냄새를 심하게 유발하는 음식들은 피하는 편이 좋다.

　환절기에는 부르트고 갈라진 입술을 립밤이나 립글로스 등을 통해 미리 예방하는 것이 좋다. 입술 주위의 물집이나 여드름도 조심해야 한다. 여기에 하나 더, 사랑하는 사람과 키스를 나누기 전 반드시 방전에 유의해야 한다.

억세게 운이 나쁜 신부

  최근 우리 나라에서는 결혼 첫날밤 함값 문제로 신랑과 말다툼을 하던 신부가 투신 자살, 듣는 이들의 혀를 끌끌 차게 하는 어처구니 없는 사건이 발생했다.

  미국 뉴욕에서는 결혼식을 마치고 퇴장하던 신부가 가족과 친척, 친구들이 결혼을 축하하느라고 던진 쌀을 밟고 미끄러지는 바람에 숨지고만 불상사가 보도되기도 했다. 앞의 신부와는 대조적인 사건이 발생해 듣는 이들의 애간장을 녹인 적이 있었다.

  근착 『월드뉴스』지가 전한 이 사건은 95년 11월 11일에 일어났다.

  눈부시게 아름다운 신부 헬레나 바리소(23)는 6개월간 열애를 해온 신랑 루이스(25)와의 결혼식을 맞아 기쁨에 넘쳤다.

  간호대학에 재학 중이던 그녀는 슈퍼마켓에 갔다

가 루이스를 만나자마자 사랑에 빠졌다. 그건 루이스도 마찬가지였다. 장보는 일조차 잊은 이들은 마술에라도 걸린 듯이 장바구니를 놓쳤고 서로를 뜨겁게 사랑하게 되었다. 교제 2개월만에 청혼을 했고 하객 2백여 명이 지켜보는 가운데 교회에서 백년 가약을 맺게 된 것이다.

결혼식을 마친 이들은 근처 호텔에 마련된 피로연장을 향해 결혼 행진을 힘차게 시작했다. 그러나 기쁨도 잠시뿐 돌발적인 사건에 직면하였다.

미국에서는 갓 결혼한 부부를 축하하기 위해 하객들이 쌀을 뿌리는 관습이 있다. 이들의 경우도 마찬가지였다. 교회 계단을 내려서는 신혼 부부에게 가족과 친구들은 부디부디 행복하게 백년 해로하라는 뜻으로 쌀을 뿌렸다. 그러나 그만 그 쌀을 밟아 미끄러진 신부가 넘어지면서 교회의 돌계단에 머리를 찧어 식물인간이 되고만 것이다.

손을 꼭 붙들고만 내려왔어도 헬레네가 미끄러져 몸의 중심을 잃었을 때, 자신이 도와 주었으면 다치는 일은 막을 수 있었을 것이라고 회한에 찬 루이스가 흐느끼며 말했다.

짧은 시간에 일어난 비극으로 신부는 귀에서 피를 흘리며 의식을 잃었다. 곧장 병원으로 옮겨졌지만 헬레나의 의식은 돌아올 줄 몰랐다. 루이스와 헬레나의 친정 식구들이 24시간 그녀의 병상을 지켰으나 그 보람도 없이 다음 날 영영 하늘 나라로 가 버리고 말았다.

"세상에 이런 일도 있단 말입니까? 내 손바닥에 그녀의 체온이 남아 있는데, 그녀는 식물인간이 되고 남들 같으면 한창 신혼의 단꿈을 꾸고 있을 때 가장 사랑하는 여인을 떠나 보내야 하니……."

아직도 밤마다 꿈 속에서 그녀의 울부짖음을 듣는다는 루이스는 자신의 목숨이 붙어 있는 한 헬레나만 사랑할 것이라고 말했다.

식인어의 밥이 될뻔한
불쌍한 사나이

여자 친구의 생일을 잊어버린 죄로 식인 물고기 피라냐의 밥이 될뻔한 남자가 있어 화제에 올랐다. 여자가 한 번 한을 품으면 오뉴월에도 서릿발이 내린다고는 하지만, 단지 생일 축하를 안해 줬다는 이유만으로 사랑하는 남자 친구의 목숨을 노린 여자를 어떻게 설명할 수 있을까.

근착 미국의 주간지 『선』은 텍사스주 브라운스빌에 사는 스티브 버논[27·구두 세일즈맨]과 그의 여자 친구 패티 포우치(24)의 악연을 통해 비뚤어진 애정 관계에 경종을 올린다.

사건이 있던 그날 밤 잠자리에 들 채비를 할 때만 해도 스티브는 몇 분 후에 자기에게 벌어질 일들을 상상조차 할 수 없었다. 물침대에 누워 잠을 청하던 그는 침대가 여느 때와는 다른 것을 느꼈다. 침대 속에 있는 뭔가가 거죽을 물어뜯는 것 같았다.

 그러나 대수롭지 않게 생각하고 다시 잠을 청하던 스티브는 곧 단잠을 자기는 이미 틀렸다는 사실을 깨닫게 됐다. 침대가 찢겨 나가고 그의 몸이 물 속에 빠진 것이다.

 "침대 물 속에 빠진 후에야 뭔가 사람을 잡아먹는 괴물이 나를 노린다는 사실을 알게 됐어요."

 그게 뭔지 채 알지 못한 채 곤경에서 빠져 나와야겠다고 생각하기는 했으나 결코 쉽지 않았다. 물침대의 물이 전부 밖으로 흘러내려 방안이 온통 물바다가 되어서야 스티브는 비로소 자신의 몸에 십 수 마리의 물고기가 붙어 있다는 것을 알게 됐다. 간신히 일어서서 온몸에 붙어 있는 물고기를 떨어내고 불을 켠 순간 경악을 금할 수 없었다.

 이미 자신의 온몸에는 열상이 나 있고 침실 바닥에는 식인 물고기 중에서도 제일 지독한 피라냐들이 널려 있었다.

 "경찰에 신고하면서도 설마 했었습니다."

 출동한 경찰은 현장을 둘러본 후 스티브의 여자 친구 패티를 현장으로 불렀다. 처음에는 자신과 전혀 무관한 일이라고 주장하던 그녀는 결국 범행을 자백했다.

스티브를 죽이려고 마음먹은 패티는 수족관 몇 군데를 돌면서 피라냐를 사 모았다. 스티브가 직장에 나가고 없는 틈을 타서 그의 집에 침입한 그녀는 자신의 친구 한 명과 물침대를 찢고 피라냐를 집어넣은 다음 감쪽같이 막은 다음 도망쳐 나왔다는 것이다.

패티의 범행 동기는 너무나 사소한 내용이었다. 단지 스티브가 자신의 생일을 잊어버려 화가 머리 끝까지 치밀었다는 것이다.

"생일을 잊은 것이 사소한 일이라뇨? 나는 돌아버리는 줄 알았는데요. 피라냐가 스티브를 산 채로 먹어치웠어야 분이 풀리는 건데……."

"조금만 늦었더라도 스티브는 살아날 수 없었을 것."이라고 말하는 경찰 관계자는 다른 범행 동기가 더 있을 것으로 보고 수사를 계속 중이라고 말했다.

"피티와의 결혼요? 이제 물 건너갔습니다."

온몸에 반창고 수십 개를 붙이고 있는 스티브는 고개를 절레절레 흔들었다. 결혼기념일이나 생일을 한 번이라도 잊어버리면 목숨을 부지할 수 있겠느냐고 말하면서.

남편 장례식을 13번 치른 여자

무려 13명이나 되는 남편의 장례를 치른 세계에서 가장 불행한 여자가 있어 화제다.

미국 애리조나주 피닉스에 살고 있는 마거릿 가베이 부인(69)은 16살 때 첫 남편을 맞아들인 이후 최근까지 13명의 남편과 사별했다고 근착 주간『선』지가 전했다.

시카고에서 첫 남편 찰스와 1년여 신혼생활을 지내고 있을 무렵 갑자기 추위가 시카고를 강습했고, 그 때 남편은 급성 폐렴에 걸려 세상을 뜨고 말았다. 하지만 주위에선 그녀의 슬픔과는 상관없이 재혼을 추진했다.

두 번째 남편은 첫 남편의 절친한 친구였다.

"두 번째 남편은 나의 슬픔을 달래기 위해 무진 장 애를 썼어요. 그 역시 좋은 남자였지만……"

시카고 소방대원이었던 남편 에디는 아파트 화재로 비명 횡사했다.

비극을 연거푸 맞은 그녀는 4촌 동생들과 함께 시카고를 떠나 남부 캘리포니아로 이사했다.

그러나 그녀의 불행은 여기서도 끝나지 않았다.

로스앤젤레스에 정착하면서 그녀는 영화 스튜디오 의상실에 취직했다. 이 때 만난 남자가 스턴트맨 마르코였다. 이 남자와 함께 살면서 두 아이를 두었지만, 그녀는 늘 남편의 위험스러운 연기에 조마조마했고, 남편은 끝내 싸늘한 시신이 되어 돌아왔다.

그들 중에 가장 결혼 생활을 오래 한 남자는 영화 배역 담당 책임자인 네 번째 남편 존이다.

결혼 생활을 3년이나 함께 했던 존과는 아이 하나를 두었다. 하지만 남편 복이 없어서인지 그 역시 심장마비로 급사했다. 이 때 그녀의 나이는 불과 38세였다.

자동차 판매업자였던 5번째 남편 테드는 스스로 '하늘이 준 선물'로 여길 정도로 좋은 반려자였다. 테드는 그녀가 낳은 세 아이들을 지성으로 돌보았지만 인연의 끈이 길지 않았던지 테드도 교통사고로 떠났다.

테드 이후에도 8명의 남편들과 결혼하고 장례식으로 헤어지는 슬픈 생활을 반복했다.

현재 칠순을 바라보는 가베이는 그래도 좋은 영
감이 나타나면 주저없이 결혼하고 싶다고 말했다.
혼자 사는 것이 너무 외로우며 결혼할 때마다 늘
이번이 마지막일 것 같은 예감이 들기 때문이라고
말한다.

산부인과 의사
신생아에 맞아 즉사

갓 태어난 아기가 자기를 받아 낸 산부인과 의사를 즉사시켜 화젯거리가 되고 있다. 웬 말도 안 되는 애긴가 싶지만, 핀란드의 헬싱키에서 벌어진 실제 상황이다.

근착 미국의 『위클리 월드뉴스』지는 헬싱키 시립 병원의 산부인과 의사 아르보 니쿠라 박사(48세)가 그 비극의 주인공이라고 밝혔다. 그는 4,5킬로그램이나 되는 남아를 받아 내다 그 우량아의 발길에 관자놀이를 채어서 치명적인 뇌출혈을 일으키는 바람에 그만 세상을 뜨고 말았다.

당시 분만실에 함께 있었던 목격자들의 말에 따르면 니쿠라 박사는 한 손으로 아기의 두 발을 잡고 있었는데, 갓 태어난 아이답지 않게 힘이 좋았던 이 신생아가 발버둥치는 바람에 한쪽 다리를 손에서 놓쳤다고 한다. 그런데 공교롭게도 그 발

로 의사의 머리를 세차게 차서 뇌에 출혈을 일으
키게 한 것이다.

 이 병원의 대변인 자코 파벨라 씨는 "아기의 발
꿈치로 머리를 맞은 니쿠라 박사는 그 자리에서
무의식 상태가 되고 말았다."며 분만을 돕던 간호
원 2명과 소아과 의사가 니쿠라 박사를 부축하는
한편, 떨어뜨릴 뻔한 그 아기를 잡았으나 니쿠라
박사는 몇 분 안에 그만 사망하고 말았다고 발표
했다.

 관계자들은 이렇듯 신생아에게 걸어 채여서 뇌출
혈을 일으키는 경우가 결코 있을 수 없는 일은 아
니라고 말한다. 이마의 양쪽 끝부분인 관자놀이는
손상 받기 쉬운 부위라서 이 곳을 강타 당하면 즉
사하기 쉽다는 것이다. 그러나 이 같은 가능성을
부정하지 않는 사람들조차 이번 니쿠라 박사의 사
망은 좀 별스럽고 상식적으로 도저히 상상할 수
없는 일이라고 개인적인 의견들을 덧붙인다.

 어차피 일은 벌어진 사건이지만, 이번 사고가 쉽
게 잘 마무리될 것 같지는 않다는 것이 관계자들
의 얘기이다. 아기 엄마가 극도의 죄책감에 시달
려 그 아기를 정상적으로 키울 수 없을 지도 모른
다는 우려 때문이다.

　이 아기의 이름을 밝히기 꺼려 하는 파벨라 씨는 "아기 엄마는 자기가 태아를 과체중으로 만들어 그처럼 치명적인 가격을 할 수 있었다며 무척 괴로워하고 있는 상태라."는 것이다.

　아무리 우연히 사고였을 뿐이라고 위로해도 소용이 없다고 말하는 목격자들은 이 같은 비극을 극복하기 위한 방법은 심리치료 뿐이라고 입을 모으고 있다.

억세게 재수 없는 사나이 (*1*)

"고장난 지퍼가 내 인생을 망쳤다. 유비무환이라
고 틈틈이 바지 앞 지퍼를 체크해야 하고 팬티는
반드시 챙겨 입을 일이다."

주간『위클리 월드 뉴스』지가 전하는 바에 따르
면 독일 코브르그에 사는 한 남자가 바지 앞 지퍼
가 열려 감춰야 할 것을 드러냈다는 이유로 가정
과 직장, 집, 명예, 모든 것을 잃고 감옥에 갇히는
딱한 신세가 됐다.

세 자녀를 둔 화목한 가정의 가장이었던 헤르만
소머 씨는 이 일이 있기 전만 해도 연봉 6만 2천
달러를 받는 잘 나가는 비즈니스맨이었다.

헤르만 소머 씨에게 있어서 그 날은 다시는 생각
도 하고 싶지 않은 악몽 같은 날이었다.

그가 그 날 백화점에 간 것은 이웃에 사는 친구
의 부탁 때문이었다. 결혼기념일을 맞은 친구가
아내의 선물을 살 시간이 없다며 그에게 전화를

걸어 대신 램프를 사다 달라고 부탁한 것이 사건의 발단이다.

친구의 부탁대로 그는 램프를 사기 위해 진열대 맨 윗칸에 있는 램프를 집어내리던 중이었다.

높은 곳에 있는 것을 꺼내려고 몸을 있는 대로 쪽 펴는 순간 아랫도리가 왠지 허전해진 것 같았다. 아래를 내려다 본 그는 대경실색했다.

몸을 뻗느라고 고장난 지퍼가 그만 활짝 열린 것이다. 그 정도라면 괜찮았다.

기막힌 것은 그 안에 아무것도 입지 않고 있었다는 사실이다. 본능적으로 들고 있던 램프로 그 곳을 가렸지만 주위 사람들이 그 광경을 이미 목격한 뒤였다.

단 몇 초간이었을지 모르는 그 시간이 영원히 끝나지 않을 것만 같이 길기만 했다.

여자들의 비명에 혼이 다 빠진 이 불쌍한 남자가 엉거주춤하면서 진땀을 흘리는 순간 얼굴에 주먹이 날아왔고, 그는 바닥에 내동댕이쳐졌다.

주위에 있던 두 남자들에 의해 끌려간 그는 경찰에 연행됐고 그리고, 우연한 사고라는 호소에도 아랑곳없이 판사는 그에게 6개월간의 구금을 선고했다.

이 일로 그의 아내는 이혼 소송을 제기, 아이들을 데리고 다른 도시로 가 버렸고 그는 직장에서도 해고 당했으며, 은행은 그의 지불 능력을 이유로 집까지 차압해 버렸다.

"이건 의도적이 아닌 사고다. 나를 믿어줬으면 좋겠다."는 목마른 탄원도 소용없이 허탈감에 빠진 채 감옥에서 나날을 보내고 있는 소머 씨는 "그날 어째서 내가 내의를 입지 않았는지 모르겠다. 내의만 입었더라도 내 인생이 이 꼴이 되지 않았을 텐데."라며 통탄하고 있지만, 이미 때는 늦은 후였다.

억세게 재수없는 사나이 (2)

'쓰레기 봉투가 없다고 감옥까지 끌려간 억세게 재수 없는 사나이의 이야기'

미국인 제리 클라크 씨(28)가 바로 그 주인공이다. 단지 차 안에 쓰레기 봉투를 비치하지 않았다는 이유 하나만으로 팔이 꺾인 채 수갑이 채워져 경찰차 뒷자리에 던져졌고 중범죄자처럼 철창 속에 갇혔다.

미국의 주간 『내셔럴 인콰어러』지 최신호는 클라크 씨의 어처구니 없는 사연을 소개하며 '쓰레기 봉투를 준비하라'는 경고(?)까지 던져 주고 있다.

자동차 정비사인 클라크 씨는 얼마 전 네 살 난 아들과 친구 1명을 태우고 워싱턴주 올림피아에서 차를 몰고 있었다. 그 때 2명의 경관이 그가 제한 속도를 6마일 초과했다면서 정지시켰다.

속도 위반은 클라크 씨도 인정하는 상황이라 경관이 과속 딱지를 끊었다. 그리고 그의 운전면허

판이 뒷유리에 붙여진 것은 잘못이며 뒷범퍼에 부착해야 한다면서 그것에 대해서도 딱지를 떼었다.

문제는 그 다음부터였다.

경관이 "워싱턴주 법에서 규정한 쓰레기 봉투를 차 안에 비치했느냐."고 물었다. 클라크 씨는 좌석 옆에 있던 일반 비닐 봉투를 가리켰지만, 그것으론 충분치 못하다며 순간 경관이 차에서 내리라고 명령하며 쓰레기 봉투를 비치하지 않은 죄로 체포한다고 말했다.

클라크 씨는 경관의 말을 믿을 수 없었다. 그러나 경관은 그의 팔을 뒤로 돌려 수갑을 채우고 순찰차 뒷좌석에 밀어넣었다. 아들은 아버지가 처한 상황을 보고 어리둥절해져 울음을 터뜨렸다. 다행이 클라크 씨의 친구가 아들을 집에 데려다 주었지만, 클라크 씨는 경찰서로 끌려갔다.

경찰서에 도착한 그는 사방 1.5미터에 불과한 작은 철창 속에 갇혔고 1시간 이상이나 조사를 받으며 그 속에 머물러야만 했다. 결국 풀려나기는 했지만 클라크 씨는 기가 막혔다.

변호사에 억울함을 호소했고, 변호사 맥가빅 씨는 "쓰레기 봉투를 비치하는 법이 1981년 통과됐지만, 이 법을 어겼다고 딱지를 받은 사람은 제

리뿐."이라며 "그런 일로 수갑이 채워지고 감옥에
처 넣어진 처사는 말도 안 된다."고 분개하고 있
다.

올림피아 경찰국 대변인인 케이티 살리 씨는 "그
러나 법은 법이다."라며 "차에 쓰레기 봉투를 비치
하도록 규정한 법을 어겼기 때문에 딱지를 떼었을
뿐."이라고 담담하게 말했다.

클라크 씨의 어처구니 없음은 확실하지만 차를
타고 가다가 도로변에 아무 생각없이 쓰레기를 던
지는 사람들에게는 새겨두어야 할 '경구'임에 틀림
없다. 휴가철 우리의 쓰레기 문화에 대해 경종을
울려주는 사건이다.

수중 결혼식을 치르려던
남녀가 산소통 폭발로 장례식 직행

　최근 수중 결혼식을 치르려던 한 쌍의 남녀가 신부가 메고 있던 산소통이 터지는 바람에 목숨을 잃고만 사건이 벌어져 주위 사람들로부터 안타까움을 사고있다.

　근착 미국의 『위클리 월드 뉴스』지는 이탈리아의 라팔로 앞 바다에서 결혼식을 치르려던 신랑 파블로 아르베모 씨(22)와 신부 안나 마케레타 양(24), 주례를 맡았던 목사가 그 자리에서 숨지고 잠수복에 물갈퀴, 산소 마스크를 갖춘 신부 들러리 3명, 신랑 들러리 1명, 하객 8명까지 파편에 맞아 중상을 입었다고 전했다.

　이들의 참변이 더욱 충격적인 것은 결혼식이 생중계될 예정이었기 때문에 참변 직후의 상황이 카메라에 고스란히 잡혔다는 점이다. 폭발이 조금만 늦었어도 TV 쇼 '이곳에 벌어진 모든 것'을 시청

하는 이탈리아의 시청자들이 사고 광경을 고스란
히 목격할 뻔했다는 것이다.

 안토니 보그트 PD는 아르베모 씨와 마케레타 씨
가 수중 결혼식을 올린다는 소식을 입수, 자기 프
로에 '괴짜 결혼식'이라는 부제로 방송하기로 했었
다고 밝혔다.

 이 사건을 맡은 경찰 관계자들에 따르면 산소통
내부의 압력이 과다할 때 압력을 낮춰 주는 안전
장치가 작동하지 못해 산소통이 터진 것으로 보고
있다. 보다 중요한 것은 이번 사고가 단순한 사고
가 아니라고 본다는 점이다.

 아직 체포된 사람은 없지만 경찰은 신랑의 옛날
여자 친구 마리아 몬텔라 씨(23)를 용의선상에 올
려 놓고 있다.

8
이런 이야기를 아시나요?

인공 다이아몬드를
만들었다고 생각한 모아상

　인공적으로 다이아몬드를 만들어 내는 일은 오랫동안 전세계 과학자들이 꿈꾸어 왔던 소망이었다. 이는 큰 돈을 손에 넣고자 하는 탐욕스러움에서만은 아니었다. 다만 과학자들의 탐구심을 자극하는 중대한 테마로서, 그 동안 숱한 과학자들이 다이아몬드 합성에 도전해 왔던 것이다.

　천연 다이아몬드는 깊은 땅 속에서 오랜 세월에 걸쳐 만들어진 것이라는 사실은 누구나 알고 있다. 오늘날 인공 다이아몬드는 연마, 공구 같은 데에 쓰이고 있는데, 이것은 물론 오랜 세월에 걸쳐 만들어진 천연물에는 당해 내지 못한다.

　다이아몬드란 순수한 탄소에 높은 압력을 가해서 만들어진 것이라는 이론은 알고 있었지만, 이와 같은 작업을 현실적으로 성공시킨다는 것은 무척 어려운 일이다. 오늘날처럼 편리한 연구 기재가

없었던 시대에 다이아몬드 씨(?)를 성공시키려고
노력했지만 모두 실패로 끝났다.

한데 마침내 프랑스의 화학자 모아상이 인공 다
이아몬드를 만드는데 성공했다는 소문이 퍼졌다.

모아상은 철괴와 탄소의 혼합물을 전기화로를 이
용해 용해한 다음, 마구 끓는 물 속에 던져 넣었
다. 그러면 철괴는 표면에서부터 굳어지기 시작하
는데, 이 때 표면 부위가 수축되어 내부의 압력은
더욱 높아진다. 완전히 철괴가 굳어졌을 때 그것
을 다시 산으로 녹이게 되면 내부에서 만들어진
다이아몬드를 꺼낼 수 있게 된다.

이와 같은 구조로서, 그는 몇 번이나 실험을 거
듭하였으며, 그 때마다 다이아몬드의 합성에 성공
했다. 다이아몬드는 누가 보더라도 사기가 아닌
진짜였다.

그런데 그의 다이아몬드는 확실한 진짜였지만,
그 같은 실험을 다른 사람이 시도하게 되면 틀림
없이 실패로 끝났다. 그가 죽고 난 후 어떤 발명
가가 모아상의 미망인에게 그 비밀을 물어보았던
바 뜻하지 않은 진상이 폭로되었다.

모아상의 조수는 언제까지나 계속되는 다이아몬
드 합성 실험에 지겨워 죽을 지경이었다.

"아아, 또 같은 실험이야? 진심으로 나는 다른 연구를 하고 싶어. 하지만 우리 선생님은 마음먹은 일은 끝을 보아야 만족하는 성미이니 성공하지 않은 한 언제까지나 계속하고 있을 거야."

이렇게 생각한 조수는 남몰래 도가니 속에 진짜 다이아몬드를 집어넣었던 것이다. 실험 연구 끝에 그것을 발견하게 된 모아상의 기뻐하고 또 기뻐하는 모습이란!

사실이 아닌 결과를 놓고 기뻐하는 선생을 본 조수는 후회하며 양심의 가책을 느꼈지만, 이제 와서 사실을 털어놓게 되면 선생님이 얼마나 낙심할 것인가를 상상하니 도저히 "그것은 내가 넣은 것입니다." 하고 고백할 결심이 서지 않았다.

모아상은 나중에 노벨상을 수상하였을 정도로 이름난 과학자였지만, 그 자신은 이렇게 해서 다이아몬드 합성에 성공했다고 행복한 오해를 한 채로 생애를 마쳤던 것이다.

성병 연구를 백년 늦게 한
헌터의 오해

18세기의 영국에 존 헌터라는 유명한 의사가 있었다. 그는 해부학에 권위가 높은 사람으로서 이식 수술의 선구자라고 할 수 있는데, 그는 국왕 조지 3세의 시의로 임명의 정도로 실력을 가진 사람이었다.

그는 36세가 되던 해인 1767년, 어떤 실험을 해야겠다고 결심했다.

당시 세상에는 매독과 임질이라는 두 가지의 성병이 유행하고 있었는데 많은 사람들이 그로 인해 고통을 받고 있었다. 그래서 그는 그것들 중의 하나인 임질의 치료법을 확립하겠다고 마음먹었던 것이다.

실험 대상은 바로 자신이었다. 그는 주사기로 임질 환자의 고름을 뽑아내어 자기의 페니스에 주입했다. 실험 관찰을 위해서는 우선 임질에 걸려야

할 필요가 있었던 것이다.

그렇게 자신이 실험 대상이 되어 이틀 후에는 페니스가 가려워지기 시작했고, 이어서 빨간 색깔의 발진이 생기더니 누런 농이 나오기 시작했다.

'이제 나는 임질 환자다.'

헌터는 만족스러워하며 그 날부터 여러 가지 치료법을 시도하기 시작했다. 국부에 나타난 짓무른 자리에는 감홍 연고 등 여러 가지 약을 발라서 낫게 했다. 그러자 4개월 후에 다시 짓무르기 시작하는 증상이 나타나는가 싶더니 이번에는 자연스럽게 나았다.

그런 일을 몇 번이나 되풀이하는 중에 오른쪽 서혜부의 임파선이 부어올랐으므로 헌터는 수은을 발라 보았다. 그러자 실험으로써의 확증은 없었지만 부기는 곧 가라앉았다. 하지만 그 후 몇 번인가의 재발이 있었고, 그 때마다 그는 약의 양을 늘려가기 시작했다.

그런데 세월이 흘러감에 따라 헌터의 신체는 여기 저기서 좀 먹어 가기 시작했다. 심장과 대동맥 등 목숨과 관계되는 부위에서 이상이 보이고 음주나 격렬한 토론, 나아가서는 옷을 벗거나 입는 일 등, 극히 가벼운 동작을 취할 때도 협심증 발작

증세가 나타난 것이다.

그러던 중에 헌터는 65세 때 대동맥에 생긴 동맥류가 원인이 되어 사망하기에 이른다. 그 자신은 '임질에 걸렸다'라고 생각하고 있었지만, 실은 동시에 매독에도 걸려 있었던 것이다. 다시 말하자면 그는 임질과 매독 두 가지를 함께 가지고 있었던 셈이다.

하지만 헌터는 죽을 때까지 그 같은 사실을 전혀 깨닫지 못했다. 매독은 몇 십년이나 되는 긴 잠복기를 거쳐 진행하며 심장을 비롯한 여러 부위에 중대한 이상을 가져오는 병이다. 헌터는 더 이상 말할 것도 없이 매독으로 죽었던 것이다.

이와 같은 오해를 두고 어떤 사람은 "헌터가 성병에 대한 연구를 백년이나 늦어지게 만들었다."라고 말한다.

소개한 내용과 같은 오해가 없었다면 현대인을 괴롭히는 성병 치료법은 좀더 일찍이 성과가 있었을지도 모른다는 이야기다. 하지만 망설임 없이 자신의 몸을 실험 도구로 사용했던 그의 용기만은 칭찬할 만한 것이었다고 말할 수 있지 않을까?

그가 매독으로 인해 죽은 지 2백년이 지난 오늘날 에이즈라는 불치의 병으로 전 세계가 공포에 떨고 있다. 지금도 세계의 어디에선가 제2의 헌터가 자신을 실험 도구 삼아 에이즈 치료 실험을 하고 있을지도 모를 일이다.

치즈 포탄 때문에
참패한 아르헨티나 함대

최근의 전쟁은 '하이테크 전쟁'이라고 일컬어 지듯이 컴퓨터를 총동원하여 효율적으로 상대를 공격할 수 있다. 그러나 예전의 전쟁은 어쨌든 간에 많은 탄환을 상대에게 퍼부을 수밖에 없었다. 그런 시대의 에피소드이다.

1841년 8월, 미국의 존 코우 해군 대위가 지휘하는 우루과이 함대와 영국의 윌리엄 브라운 제독의 통솔을 받는 아르헨티나 함대가 교전하고 있었다. 그러는 동안에 우루과이 함대가 소유한 포탄이 떨어져 갔다. 마침내 포격은 중단되었다.

그러자 아르헨티나 함대는 포탄이 떨어졌다는 것을 눈치 채고 우루과이 함대를 향해 전속력으로 돌진해 왔다. 우루과이 함대로서는 이제 오도 가도 못할 신세가 된 것이다. 그대로 속수무책으로 바라만 보고 있다면 당장 배가 격침될 것은 뻔한 일이었다. 하지만 포탄은 한 발도 남아 있지 않았으므로 대처할 방법이 없었다. 그러는 동안에 아르헨티나 함대가 사정거리 내로 접근해 왔다.

 그 때 함대의 내습을 꼼짝없이 기다리고 있을 수밖에 없었던 우루과이 함대의 코우 대위 눈에 뭔가가 들어왔다.

 그것은 대포 옆에 산더미처럼 쌓여 있던 네덜란드 치즈였다. 딱딱해져서 식용으로 사용하기가 어려워졌기 때문에 방치된 채로 있었던 것이다.

 "저 치즈를 대포에다 채워라!"

 대위는 큰 소리로 명령했다. 아마 승산이 있어서였던 것은 아니었을 것이다.

 다만 포탄을 대신할 만한 것이 달리 없었으며, 화약은 아직 남아 있었다. 그대로 아무런 행동도 하지 못한 채 개죽음을 당하기보다는 그렇게라도 하는 것이 낫다는 생각이 들어서였다.

 그런데 코우 대위가 고안해 낸 치즈 포탄은 잇달아 아르헨티나 함대에 명중했다. 그렇다고 해서 그것이 그리 큰 충격을 주었던 것은 아니다. 그러나 뭔가 괴상한 것이 날아왔는가 싶더니 명중한 순간 그것은 가루가 되어 산산이 흩어졌던 것이다. 놀란 아르헨티나 함대는 당황해서 U턴하여 한 달음에 달아나 버렸다. 덕분에 우루과이 함대는 대승리를 거둘 수가 있었다.

코우 대위 자신도 설마 그렇게까지 효과가 있으리라고는 생각지도 못했었을 것이다. 그러나 놀라운 파괴력 덕분에 이 보기 드문 작전은 '위대한 대해전'으로서 후세까지 전설처럼 전해 내려오게 되었다. 이렇듯 운명이란 실로 기이하기 만한 것이다.

담배 피우는 개 10만 마리

애연견들 때문에 서구 사회가 골치를 앓고 있다.

영국, 미국, 뉴질랜드, 일본 등에선 수만 마리의 애완견들이 니코틴에 중독되어 심각한 사회문제를 일으키고 있다고 근착 미국의 주간『월드뉴스』지가 전했다.

뉴질랜드의 수의사 엘스워드 뉴스맨 박사는 "애완견들의 끽연 현상이 새로운 사실은 아니지만, 전 세계적으로 10만에 가까운 끽연개들이 있는 것으로 추산된다."며 매년 그 수치는 10퍼센트씩 늘어나고 있다고 주장했다.

현재 애연견으로 활동하고 있는 개들은 미국에만도 무려 3만 5천여 마리. 최근 클린턴 전미국 대통령이 담배를 마약으로 선포한 이후 침울해 있는 미국 담배회사들은 그나마 이 애연견들 때문에 조금은 위로를 찾은 듯싶다.

이 애연견들은 인간과 달리 수명이 짧기 때문에

담배가 치명적인 영향을 미치지는 않는다.

그러나 끽연개들은 하루에 적게는 서너 개비에서 많게는 2갑 정도를 피워대 애완견 주인들의 호주머니를 터는 주범이기도 하다.

뉴스맨 박사에 따르면 끽연개들은 보통 후천적으로 담배를 배워서가 아니라 태어날 때부터 흡연개라는 공통점을 안고 있다.

어미 배 속에서부터 담배연기를 마셔 태어나면서부터 강력한 흡연 욕구를 발산하기 때문이다. 이런 흡연개들에게 금연조치를 취하면 흡연가와 마찬가지로 금단 현상을 보인다.

미국 테네시주 멤피스의 실비아 패스톤 할머니의 개 메이저도 그 중의 하나다. 십년 생인 이 개는 태어날 때부터 담배를 찾더니 지금은 아주 자연스럽게 담배 피우는 것이 일상화되었다.

패스톤 할머니는 "메이저는 하루에 담배 2갑을 피운다. 담배를 못 피우게 하면 메이저는 미칠 지경으로 흥분한다."며 "가구를 물어뜯고 식음을 전폐하며 초조감을 보여 별 수없이 담배에 불을 붙여 준다."고 말했다.

혜성은 항균가루를 실어온다!

'혜성이 떨어진 곳에는 금이 있다!'

최근 독일의 한 저명한 지질학자가 주장한 내용이다.

근착 미국의 주간『선』지는 지구상의 모든 금은 혜성이나 행성들이 떨구고 간 '우주의 선물'이라는 독특한 주장을 펴는 독일 하이델베르그 대학의 호스트 패덜슨 교수(63 지질학)를 소개했다.

호스트 교수에 의하면 지구를 스쳐 가거나 대기권 안으로 떨어진 여러 혜성과 행성들이 지나는 자리마다 수톤의 금을 포함해 엄청난 양의 은과 값비싼 보석의 원석을 쏟아내 놓고 간다는 것이다.

이와 함께 호스트 교수는 지금도 계속해서 채취되고 있는 금광석이나 고가의 각종 광석들은 수백만 년 전, 즉 태양계가 떠돌이별들로 가득 찼을 때 끊임없이 지구를 향하여 돌진해 왔던 각 혜성들이 몰고온 '황금의 폭풍' 덕이라고 설명하고 있다.

호스트 교수는 또 금세기에도 이 같은 현상이 몇 차례 있었는데, 그것들 중 가장 가까운 시기는 바로 몇년 전에 나타났던 핼리 혜성 때와 96년 3월 아슬아슬하게 지구를 비켜갔던 금세기 최대의 혜성 햐쿠타케 때였다고 밝혔다.

실제로 중국의 한 지리학자는 혜성 햐쿠타케로부터 떨어진 금광석을 중국 서쪽 지역에서 발견, 호스트 박사의 주장을 뒷받침하기도 했다.

호스트 교수는 "덩어리로 발견되는 예는 아주 드문 경우로 보통은 쌀 한 톨보다도 더 작은 먼지 형태의 입자로 공기 중에 떠 다닌다."고 전하면서 이 황금 낙진들은 대개 바다 속으로 떨어져 일반인들의 눈에 띄지 않게 된다고 덧붙였다.

이어서 호스트 교수는 대기 속에서 '금먼지'만을 골라 내는 특수 기능의 진공청소기 같은 것을 개발해 낼 수 있다면 수많은 황금을 얻기는 식은 죽 먹기라고 주장했다.

아닌게 아니라, 그는 자신이 고안한 '황금 먼지용 진공청소기'로 3파운드의 금덩어리를 모았으며, 현재는 바다 속에서 금가루를 찾을 수 있는 신모델(?)을 개발 중에 있다고 한다.

한편 일부에서는 호스트 교수의 이 같은 주장에

대해 터무니 없는 낭설이라고 반박하고 있다.

지금까지 알려진 바로는 혜성이나 행성으로부터 나오는 물질들은 일반적으로 값어치가 없는 여러 광석과 광물이 대부분이라는 것이다.

미국 지질학자인 폴 베이커도 "나는 지금까지 한 번도 혜성과 행성으로부터 금덩어리를 발견했다는 이야기를 들어본 적이 없다."며, "이 같은 주장을 곧이곧대로 믿다간 언제 지구와 충돌할 지도 모를 각 혜성들을 사람들이 목을 빼고 기다리는 실로 어처구니 없는 상황이 벌어질 지도 모를 일"이라고 꼬집었다.

'황금알을 낳는 거위' 진짜로 있다

 집에서 키우는 거위가 매일 황금알을 한 개씩 낳자 많은 황금을 한꺼번에 얻고 싶은 마음에 거위의 배를 갈랐다가 금은 얻지 못하고 그만 거위만 죽이고 말았다는 동화가 있다. 과한 욕심을 부리지 말라는 교훈을 주는 동화다. 이런 황금알을 낳는 거위가 정말 있을까?

 근착 미국의 『위클리 월드뉴스』지가 러시아 성 페테르부르크발 기사로 황금알을 낳는 거위가 발견됐다고 전해 눈길을 끈다.

 이 주간지에 따르면 지난 24년간 북유럽에 서식하고 있는 조류들을 연구해 온 조류학자 이반 코스토브스키 박사가 러시아의 라도가 호수 남쪽 기슭에서 금이 함유되어 있는 알을 낳는 거위를 발견했다는 것이다.

 이 지역에서 서식하는 거위는 '웃는 거위'로 불리우는데, 그 중의 한 무리의 알에서 금이 나왔다고 한다.

"거위알에서 금이 나왔다니까 믿지 못하는 사람들이 많습니다. 그러나 절대로 사기가 아닙니다."

코스토브스키 박사는 "이 황금알을 낳는 거위의 외관은 다른 거위와 조금도 다를 것이 없다."며 이 거위 무리의 알이 다른 알과 달리 껍질에 짙은 노란색 무늬가 있어 성분을 분석해 봤다는 것이다.

연구를 시작할 때만 해도 이런 엄청난 연구 결과를 얻으리라고는 생각지 못했다는 그는 노른자위에서 작은 금조각들이 나온 것은 사실이지만 금조각이라고 불릴 만한 것은 못 된다고 조심스럽게 말했다. 그저 흔적을 찾을 수 있을 정도로 모래 알갱이 같은 것도 있었다는 것이다.

"1만 개를 깨서 그 금을 모두 긁어모아 봐야 30g이 될까 말까 하다."는 코스토브스키 박사는 그 거위의 정확한 서식지를 비밀에 붙이고 있다. 무지몽매한 사람들이 금을 생산해 내기 위해 그 거위를 남획할 것을 우려해서다.

"왜 거위알에 금이 함유되어 있는지 그 이유를 밝히진 못했다."는 그는 라도가 호수의 물에 무기질이 많이 함유되어 있기 때문이 아닌가 추측하고 있으나 그 물이 거위의 체내에서 어떤 과정을 거쳐 황금알을 낳게 하는지는 모르겠다는 것이다.

그는 또 "얼마나 오랫동안 서식해 왔는지 잘라 말할 수는 없으나 수 백년 이상 살아온 게 아닌가 싶다."며 다른 곳에도 이런 거위가 존재할 가능성이 있다고 말했다.

이 같은 가능성에 대해 문학 사학자 보리스 체르노프도 동의한다. "전래동화나 전설 중에는 현실에 바탕을 둔 것이 많다."며 그는 동화『황금알을 낳는 거위』가 이 거위를 모델로 쓰인 것일지도 모른다고 말했다.

바퀴벌레가 개보다 지능이 우수

 벌레 중에서 머리(?)가 제일 좋은건 뭘까? 프랑스의 작가 베르나르 베르베르의 소설 『개미』를 읽은 사람이라면 당연히 개미를 꼽겠지만, 천만의 말씀 바퀴벌레가 개미보다 앞선다.

 이는 독일의 곤충학자 욘 구데가스트 교수의 주장이다. 그는 최근 바퀴벌레가 웬만한 개(犬)보다 머리가 좋다고 밝혀 화제가 되고 있다.

 근착 미국의 『위클리 월드 뉴스』지에 따르면 사람들은 그저 바퀴벌레란 무서운 전염병을 옮기는 더러운 벌레라고만 간주할뿐 생존을 위한 나름대로의 지혜를 가지고 있다고는 감히 상상조차 하지 못한다. 그러나 놀랍게도 바퀴벌레는 뛰어난 삶의 재치를 지니고 있다는 것이다.

 '바퀴벌레는 곤충들 중의 아인슈타인이라고 주장하는 구데가스트 교수는 최근 바퀴벌레를 대상으로 몇 차례 연구한 결과 학습 능력이 뛰어나고 속임수를 쓰는 등 순발력 있는 행동 능력이 있음이 밝혀졌다고 말한다.

그 중의 좋은 예가 미로찾기이다. 연구팀이 바퀴벌레를 가로 세로 12센티미터 짜리 미로상자에 집어넣고 길을 찾아 나오게 하는 연구를 했는데, 이 미로상자는 1만 가지의 잘못된 진로를 조합해 낼 수 있는 아주 복잡하게 꾸며졌다. 여기서 바퀴벌레는 불과 1분만에 길을 찾아 나오더라는 것이다.

그리고 더욱 놀라운 것은 그 미로상자에 다시 집어 넣었더니 불과 20초만에 길을 찾아 나왔다는 것이다. 이는 바퀴벌레에게 학습 능력이 있음을 증명해 주는 예이다.

그 뿐만 아니다. 바퀴벌레는 자기 종족을 때려 죽인 사람을 가려낼 수 있는 식별력이 있다는 것이다. 그 사람이 나타나면 숨어 버린다. 그래서 부엌에 주부만 없으면 바퀴벌레가 기승을 부리는 건지도 모른다.

그런가 하면 위험한 상황에 처했을 때 몸을 뒤집어 죽은 척하고 있다가 상황이 끝나면 다시 유유히 움직인다든가, 먹을 수 있는 물건이 들어 있는 상자들 속에 섞여 있는 빵상자를 구별할 수 있고 몸을 숨길 수 있는 1백가지 방법 정도를 익히고

있다느데는 놀라움을 금할 수 없다. 또 추리력을
시험해 봤을 때, 그 점수가 평균적인 지능의 사냥
개보다 높았다고 한다.

참고로 전문가가 밝히는 '머리 좋은 벌레 베스트
10'을 꼽아보면 바퀴벌레, 개미, 흰개미, 개미귀신,
풍뎅이, 도둑파리, 긴뿔 풍뎅이, 날도래(모기와 비
슷하게 생긴 곤충), 온혈동물, 흡혈 기생충 순이다.

9
만화 같은 이야기들

양의 탈을 쓴 늑대?

　2002년 가을, 영국인들은 온순하고 평화로운 동물로만 생각해 왔던 양에 대한 공포에 휩싸이게 되었다. 만일 양이 풀만 뜯어먹는 초식동물이 아니라 피에 굶주린 육식동물이라면 믿겠는가.

　최근 영국의 조류학자인 니알 버튼은 양이 조류 새끼를 잡아먹는 끔찍한 장면을 목격했다는 충격적인 발언을 해서 논란의 대상이 되고 있다.

　버튼 박사는 『영국의 새』라는 조류 관련 잡지에 자신이 목격한 장면이 얼마나 충격적이고 놀라웠는지 상세하게 설명하고 있다.

　어느 날 황야를 걷고 있던 그는 양 한 마리가 근처에 모여 있던 8마리의 뇌조[꿩과 비슷한 조류] 새끼를 덮쳐 그것들 중의 한 마리를 물어뜯는 장면을 목격했다고 주장했다.

　이러한 기이한 현상에 대해 그는 황야에 서식하는 양들의 경우 부족한 칼슘을 보충하기 위해 자

240

연히 육식을 하게 된 것이라고 분석하고 있다. 또한 그는 잡지에서 이렇게 육식을 하는 양의 경우에는 주로 육지에 서식하는 닭이나 꿩과 같은 조류의 새끼를 잡아먹고 있다고 주장하고 있다.

이밖에도 최근 글래스고 대학의 밥 피니스 교수도 양 한 마리가 제비 갈매기과의 조류를 잡아먹는 장면을 목격했다고 주장하고 나서면서 이와 같은 사실은 점차 영국인들에게 공포감을 주고 있다.

영국인들에게는 친근한 동물임에 틀림없는 양이 난폭한 성질을 가진 육식성 동물일지도 모른다는 사실 때문에 알 수 없는 불안감과 공포심에 떨고 있다고 한다.

쌍둥이의 우연

짐 루이스는 여섯 살이 되었을 때, 처음으로 그에게 일란성 쌍둥이 형제가 있다는 사실을 알았다.

미혼의 어머니에게서 1939년에 태어났지만, 그후 두 아이는 양자로 입양되었다. 짐의 양부모는 오하이오주 리마의 루이스 부부였고, 동생은 오하이오주 데이턴의 스프링거 부부가 맡았다. 그런데 이상하게도 두 부모는 양자들의 이름을 짐이라고 똑같이 지었다.

1979년 서른 아홉 살이 된 짐 루이스는 쌍둥이 동생을 만나보고 싶었다. 입양 절차에 입회했던 법원은 친절하게 짐을 도와주었다.

6주 후, 짐 루이스는 데이턴에 있는 짐 스프링거의 집 문을 노크한다. 악수를 나누는 순간 두 사람은 묘한 친밀감을 느꼈는데, 그것은 지금까지 줄곧 함께 살아온, 단순히 느낌으로 끝나는 일이 아니었다.

　둘 다 손톱을 깨무는 버릇이 있었고, 열여덟 살에 편두통이 시작되어 같은 무렵에 증상이 없어졌다. 또한 심장에 이상이 있고 치질이 있는 경우도 같았다.

　이런 현상은 유전자 프로그래밍이 일반적으로 생각하고 있는 것보다 훨씬 정밀하고 복잡함을 시사하고 있음을 뜻한다. 그러나 두 사람의 일치는 유전자보다 그 앞이 되는 영역이었다. 둘 다 린다라는 이름의 여성과 결혼하고 첫 아내와는 이혼했으며, 베티라는 이름의 여자와 재혼했다. 그리고 이들에게 제임스 알랜이라는 이름을 지어주었고 직업은 처음에는 보안관, 다음은 주유소, 지금은 맥도널드 햄버거 가게에 근무하는 것까지 일치했다.

　형제는 감전된 것 같은 기분이었다. 경험이 거의 같을 뿐 아니라 마음의 일치까지 확인했다. 형이 이야기를 시작하자 동생이 중간에서 그것을 이어받아 결론을 맺었다. 이 신비스런 현상을 무엇으로 설명이 가능할까?

　뇌의 두 반구에는 다른 기능이 들어있는데 여기에 중요한 열쇠가 숨겨져 있다. 왼쪽은 언어와 논리에 관계가 있고, 오른쪽은 직감과 통찰에 관계가 있다. 또 왼쪽은 '벌레의 눈'으로 세계를 보고, 오른쪽은 '새의 눈'으로 세계를 본다. 문명화된 인간은 왼쪽이 지배적 반구이고 자기라는 의식도 왼쪽에 있다.

보통 인간의 경우 오른쪽 뇌의 힘은 왼쪽 뇌의 논리의 구성력에 비교하면 현저하게 한정되어 있다. 그러나 이 쌍둥이의 경우 왼쪽의 힘이 적으며 오른쪽은 보통 사람과 비교하면 수백 배의 능력을 가지고 있다.

쌍둥이에게서 우리가 배울 수 있는 교훈은, 문명은 왼쪽의 뇌에게 그칠 줄 모르는 활동을 요구하며, 이것이 오른쪽 뇌의 자연스러운 힘을 억누른다는 사실이다. 텔레파시에 의한 의사 소통, 신체적인 감정 이입, 새의 눈으로 현실을 통찰하는 능력 등이 오른쪽 뇌의 영역이다.

짐 형제의 경우처럼 쌍둥이에게 같은 현상이 나타나고 있는 미스터리의 해결법을 우리는 뇌의 구조를 통해 암시 받을 수 있다. 하지만 확실한 것은 하나도 없다. 분명한 것은 아직 과학자들이 해명하지 못한 자연법칙이 인간 세계에 널리 존재한다는 사실이다.

30일형 받고 30년 감옥 살았다

 실수와 어리석음이 30일간의 구류 처분이 30년 형으로 바꿔 놓았다면?

 지구촌 곳곳에서는 '상식 밖의 일들'이 심심찮게 일어난다. 호주 애들레이드 출신인 스탠리 크리스만(61)의 기막힌 '30년 교도소 인생' 역시 그것들 중의 하나이다.

 미국의 주간지 『선』지가 전한 30일 형을 선고 받고 30년간을 교도소에서 생활한 스탠리 크리스만의 황당한 이야기는 이렇다.

 지금으로부터 37년 전인 1965년의 어느 날 외판원으로 일하던 스탠리는 운전 실수로 거리의 우체통을 들이받고는 당황한 나머지 그대로 줄행랑을 치다가 체포되어 재판을 받게 되었다.

 스탠리가 다소 모자라는 '검프'형이고 뺑소니는 고의가 아니었음을 알아챈 판사는 계도의 차원에서 최소 구금 기간인 30일 형을 선고했으나 바로 그 순간 상상 밖의 일이 벌어졌다.

"과로에 지쳐 있던 법원 서기가 '30일'을 그만 '30년'으로 잘못 기록했던 겁니다."

립 노리스 변호사는 기가 막히다는 듯이 사건에 대해 설명했다.

"30년 동안 스탠리는 형량에 관해 어느 누구에게도 입을 열지 않았고 당연히 교도소 간수들은 스탠리를 뺑소니 살인범쯤으로 생각했습니다."

불행하게도 억울한 옥살이를 탄원해 줄 피붙이 하나 없었던 탓에 결국 그는 29년 11개월 동안을 아무런 이유도 없이 교도소에서 보냈다.

이 황당한 사실은 30년이라는 형기를 모두 마치고 나서야 밝혀졌다. 교도소장 윌리엄 파커가 소지품을 건네 줄 때 스탠리가 문득 "너무나 긴 30일이었어요."라는 말을 건넨 것이다.

자다가 봉창 두드리는 소리에 놀란 교도소장이 "당신 사람을 죽이지 않았느냐?"고 묻자, 스탠리는 우체통을 박살 냈을 뿐이라고 말했다.

"그 말이 맞더군요. 스탠리는 경범죄 중의 경범죄로 수십 년을 창살 안에 갇혀 있었습니다. 그가 말만 했었더라면……."

그러나 정작 스탠리 자신은 교도소 생활에 흡족

해 하며 30년을 30일처럼 보냈다.

"허리가 휘게 일하지 않아도 집세나 끼니 걱정을 할 필요가 없었어요."

게다가 기술도 배우고 친구들도 많이 사귀었다며 스탠리는 오히려 다행스러워 한다. 한 달이 지나도 석방시켜 주지 않아 조금 이상하긴 했지만, 그 때는 이미 교도소가 좋아지기 시작한 뒤였다고 말을 이었다.

법원 서기의 터무니 없는 실수와 자신의 무지로 검은머리가 파뿌리가 되도록 옥살이를 한 스탠리 크리스만. 살 길이 막막해진 그는 어쩌면 다시 '그리운 내 집'으로 돌아가려고 할 지도 모른다.

도로에 머리 묻고 동냥하던 거지
인도에 뛰어든 차에 치여 즉사

블록이 깨진 인도의 흙을 파고 머리를 묻은 뒤 동냥을 하던 거지가 인도로 뛰어든 차에 치여 그만 즉사하고 말았다.

인도 봄베이의 아디 팬디트(37)는 지난 12년 동안 독특한 동냥법을 동원하여 부를 일군 거지 아닌 거지로 유명한 인물이다.

그는 새벽만 되면 어김없이 얇은 천 한 장으로 아랫도리만 간신히 가린 가련한 모습으로 관광객이 많이 모이는 장소에 나타나 머리를 흙 속에 파묻고 눕는다.

그런 그의 모습을 본 관광객이나 봄베이 시민들은 그냥 지나칠 수 없다. 그래서 그의 주변에는 늘 동전과 지폐, 혹은 값 나갈 만한 시계, 귀금속, 음식물 등이 수북히 쌓여 있곤 했다.

이렇게 해서 그가 벌어들이는 돈은 연간 약 5만

달러. 엄청난 수입이 아닐 수 없다.

모두들 그가 흙 속에서 어떻게 숨을 쉴까, 무슨 마술은 아닐까 하는 생각에서 그렇게 엄청난 돈을 몰아준 것인데 사실 그 비밀은 별것 아니다.

우선 얼굴에 굵직한 자갈을 얹은 다음, 그 위에 흙을 덮으면 좀 불편할 따름이지 숨을 쉬는데는 전혀 지장이 없다. 그리고 해가 질 무렵이 되면, 그는 혼자서 벌떡 일어나 흙을 털고 집으로 간다. 그의 집은 시내의 안락한 고층 아파트이다. 그야말로 개처럼 벌어서 정승처럼 쓰는 이중생활을 해왔던 것이다.

그러나 이러한 아디 팬디트의 꿈처럼 행복한 나날은 순간에 날아가 버리고 말았다.

일방통행길을 잘못 들어선 당황한 트럭 운전사가 그만 인도에 누워 있는 그를 덮치는 바람에 비명 한 번 질러보지 못하고 노상 객사한 것이다.

이번 사건의 수사를 맡은 경찰관 라메쉬 마헤스와리는 "모든 일이 너무나 눈깜짝할 사이에 일어났기 때문에 설사 아디가 행인들의 소리를 들었다 해도 차를 피할 수는 없었을 것"이라고 덧붙였다. 그는 "아디는 자기가 왜 죽는지도 모른 채 숨을 거뒀을 것"이라고 덧붙였다.

아디를 숨지게 한 운전사의 신원은 밝혀지지 않고 있는데 과실치사와 일방통행, 도로통행법 위반 등의 죄목으로 지금 재판에 계류 중이다.
아디의 사망으로 누군가 그 자리를 차지하고 누워서 같은 방법으로 돈을 벌 것인지는 아직 알 수 없는 일이다.

마술사의 실수?

 상자 안에 사람을 넣은 다음 주문을 외우면 그 사람이 없어졌다가 다시 주문을 외우면 나타나는 마술은 직업 마술사들의 단골 레퍼토리다. 관객들은 그것이 눈속임에 불과하다고 생각하면서도 볼 때마다 신기하게 생각하며 박수를 보내곤 한다.

 최근 영국 런던에서는 이같은 마술을 하던 중에 사람이 영영 없어져 버린 사건이 발생하여 경찰이 수사에 나섰다고 『선』지 최근호가 전했다.

 거장 마르코란 예명으로 알려져 있는 마르쿠스 드벨로와 엘렌이 화제의 주인공이다. 마르코가 사라지게 한 아내 엘렌이 다시 모습을 드러내야 할 때 나타나지 않은 사건이다.

 마르코의 마술은 평범하다. 상자 안에 엘렌을 들어가게 한 다음 커튼을 치고 마술 지팡이를 몇 번 흔들어 보인 후 상자를 열어보면 엘렌은 사라지고 없다. 다시 커튼을 치고 같은 동작을 반복한 다음

상자를 열면 엘렌이 매력적인 미소를 지으며 나온다. 이같은 마술을 수 천 번도 더해 보였던 마르코가 엘렌이 나타나지 않은 황당한 일을 당한 것이다.

"나를 두고 이러쿵저러쿵 말이 많은 모양인데 엘렌이 없어지는 바람에 가장 충격을 받은 사람은 바로 나다."며, 마르코는 이같은 일은 상상조차 한 적이 없었다고 말했다. 그는 또 "상자를 열었을 때 엘렌이 없어 깜짝 놀랐다. 전후 좌우를 살펴봤지만, 엘렌이 없어 처음엔 그녀가 장난치는 줄 알았다."고 덧붙였다.

이는 관객들도 마찬가지이다. 마르코가 무대 앞뒤를 돌아다니며 엘렌을 찾자 마술을 더 코믹하게 하려고 꾸민 일로만 알았다는 것이다.

"마르코가 무대 안팎으로 엘렌을 찾아 다니는 것을 보고 우리는 모두 웃음보를 터뜨렸다. 그러나 경찰이 달려온 후에야 뭔가 잘못된 것을 알게 됐다."는게 당시 이 마술공연을 관람하던 관객 버지니아 필립스의 말이다.

마르코의 친구들은 그날 이후 그가 의기소침한 가운데 은둔자 생활을 하고 있다고 전했다. 그러나 경찰이 보는 시각은 다르다.

"아무런 이유없이 사람이 사라지지는 않는다."라
고 잘라 말하는 런던 경시청 레이먼드 쉬플러 형
사가 추리하는 가능성은 3가지였다.

첫째는 마르코가 세계에서 가장 위대한 마술사여
서 정말로 엘렌을 사라지게 한 것. 두 번째는 엘
렌이 다른 목적을 가지고 스스로 잠적한 것. 마지
막 가능성은 마르코가 아내를 없애 버린 것인데
경찰은 첫 번째 가능성보다는 두 번째와 세 번째
에 더 무게를 두고 있는 것 같은 인상을 주어 귀
추가 주목된다.

가짜 거지 할머니의 이중생활

지난 2002년 3월 7일 캐나다 토론토 다운타운의 최대 번화가인 영블루어 거리. 영스트리트와 베이 스트리트가 만나는 북서쪽 코너에는 늘 그랬던 것처럼 세이키 레이디가 쭈그리고 앉아 열심히 영업활동(?)을 하고 있었다. 그녀는 며칠째 자신의 영업활동을 예의주시하고 있는 관찰자의 날카로운 눈초리를 전혀 의식하지 못하고 있었다. 거의 모든 토론토 사람들을 놀라 자빠지게 만든 그녀의 정체는 이렇게 해서 온 천하에 알려졌다.

그녀에게 있어서 가면을 벗는 댓가는 그녀와 그녀의 가족이 그토록 도망치고 싶었던 처참한 과거로의 회귀를 의미하는 것이었다. 더 이상 영업을 할 수 없게 된 것은 물론, 그토록 꿈꾸어 오던 영주권마저 날아갈 위기에 처하게 된 것이다.

세이키 레이디는 한 거지 할머니의 별명이다. 그만큼 그녀는 거리의 상징으로 일반인들에게 자리잡았다. 그녀의 영업활동은 최대 도시, 최고의 번화가에서도 가장 번잡한 귀퉁이에 앉아 지나가는 사람들을 상대로 동전을 구걸하는 일이다.

실제로 그녀를 보면 웬만한 철면피가 아니라면 그냥 지나칠 수가 없을 정도로 몰골이 말이 아니다. 빨간색 재킷을 입고 자주색 스카프 사이 사이로 잿빛 머리카락이 삐죽삐죽 나와 있는 60대 중반의 초라한 할머니. 불그스레해진 저고리와 푸른색 방한 바지를 입은 그녀는 쓰레기 봉지로 무릎을 가리고 머리와 굽은 손을 쉴새없이 떨며 "한 푼만 줍쇼!"라고 외치고 있다. 그녀를 뜻하는 '셰이키 레이디(Shaky Lady)'란 별명도 그래서 붙었다. 그녀의 목에는 '도와주세요. 나는 아프고 가난합니다. 당신을 위해 기도드릴게요'라는 조그마한 마분지 팻말이 걸려 있다.

영업은 늘 성공적이었다. 워낙 통행량이 많은 길목이어서 어떤 땐 이 할머니 거지에게 돈을 주기 위해 길게 줄을 서기도 한다. 토론토를 방문했다가 영스트리트에서 우연히 이 할머니와 마주친 에드먼턴의 한 부인은 "얼마나 불쌍한지 가슴이 아릴 정도"라며 30달러를 주고도 모자라 커피와 치킨을 사다 할머니에게 안겨 주었다. 이런 행인은 부지기수다. 불과 15분 동안 30명의 행인이 할머니의 깡통에 돈을 넣었다. 1, 2달러 짜리 지폐도 쉽게 눈에 띈다.

가짜 거지 할머니가 사기 구걸로 벌어들이는 돈은 놀랍게도 한 달에 1만 달러에 달한다. 하루 5시간 영업, 주 5일 근무에 2천 5백 달러의 고소득을 올리고 있는 것이다. 그녀의 1주일 소득은 대학을 나온 중견 세일즈맨의 한 달 월급과 맞먹는 수준이다. 고액 소득자인 그녀의 생활은 세계 어느 나라 '거지 왕초'라도 두 손 들고 갈 정도로 화려했다. 그녀의 자동차는 최고급 승용차인 세비루미나다. 물론 운전을 하는 전용기사가 따로 있다. 그녀가 출퇴근을 할 때면 체격이 좋은 경호원 2명이 늘 호위를 한다.

그녀의 마각이 드러난 것은 앞뒤 행동이 너무 다른 것을 주변 사람들이 보고 이상하게 여겨 언론사에 제보했기 때문이었다. 약 1년 전부터 지금의 자리에 터전을 잡은 그녀는 동냥을 할 때와 그렇지 않을 때의 태도가 너무 달랐다고 한다. 동네 주민인 한 할머니는 "처음에는 어떻게 이런 불쌍한 할머니를 길거리로 내몰 수 있을까. 그 가족과 정부에 분개했었다. 그런데 약 2주 전 한 모임에 참석했다 돌아오는 길에 이 할머니가 고양이처럼 날렵하게 뛰어가는 모습을 보고는 더 심한 분노를 삭혀야 했다."고 말했다. 이들 시민들의 제보로 잠복 취재한 기자가 그녀의 퇴근 모습을 묘사한 내용은 이를 잘 보여준다.

'아침 11시부터 오후 4시 30분까지 근무를 한 후 퇴근 때가 되면 그녀는 자신의 자동차가 대기하고 있는 서쪽 골목으로 뛰어가 사라진다. 물론 이럴 때는 행인들이 돈과 함께 전해 준 음식물은 쓰레기통에 쑤셔박고 간다. 이제 더 이상 몸을 떨지도 않고 걸음걸이도 활기 차다. 골목길에 들어서자 승용차가 다가 온다. 운전석과 뒷좌석에는 2명의 남성이 앉아 있다. 할머니가 차 안으로 들어가자마자 스카프를 벗어 던지는 순간, 자동차는 속도를 내며 유유히 사라진다.'

'세이키 레이디'의 감춰진 이면 벗기기에 본격적으로 착수한 주요 언론들은 그녀가 지난해 여름부터 영주권을 얻기 위해 캐나다에서도 비싸기로 유명한 베이스트리트의 변호사를 고용해 온 것도 밝혀 냈다. 그녀의 이중행태에 대해 여론이 들끓자 '세이키 레이디'는 종적을 감춘 채 변호사인 레오나드 호치버그(35)를 내세워 자신의 입장을 해명했다.

 그녀의 이름은 마지타 밴고바. 나이는 올해 66세. 체코 출신인 밴고바는 1997년 캐나다에 입국해 현재 난민자격으로 토론토에 거주하고 있다. 가족으로 남편과 올해 29세 된 아들, 3명의 손자가 있다. 아들은 실업자로 밴고바가 구걸 행위로 가족들을 먹여 살리고 있다. 구걸로 하루에 기껏해야 40달러에서 50달러를 벌고 있다. 그녀의 손떨림은 갑상선 이상에 의한 것으로 1997년부터 시작됐다. 가족의 수입은 정부의 웰페어와 기타 보조금을 합해 월 9백 달러가 전부다. 돈을 벌고 싶으나 건강도 그렇고 특별한 기술도 없어 거리에서 행인들에게 구걸하고 있다는 내용이었다.

 그러나 그녀의 말을 믿는 사람은 고용 변호사 말고는 아무도 없는 형편이다. 경제적으로 어려운 밴고바 가족이 빅 스크린 TV와 컴퓨터, 가죽 소파를 갖춰 살고 있으며, 고급 승용차인 셰비 루미나를 굴리고 있다는 사실은 논란의 여지가 없는 사실. 설상가상으로 캐나다에서 가장 비싼 변호사를 통해 이민수속을 밟고 있는 사실이 드러난 것도 도저히 설명이 안 되는 대목이다.

 사정이 이렇다 보니 그녀의 트레이드 마크인 손

떨림 현상까지 조작이라는 지적이 나오고 잇다. 그 결정적 증거는 그녀 가족이 캐나다 정부에 난민 신청을 할 당시에 찍힌 비디오 테이프다. 테이프에 담긴 갑상선 떨림이 시작됐다고 주장한 1997년 당시 밴고바의 모습은 매우 건강했으며, 손가락도 지금처럼 구부러지거나 떨지 않았던 것으로 밝혀졌다. 38년 동안 갑상선 환자를 전담해 온 한 저명한 전문의는 그녀의 동작을 세밀하게 분석을 하고 난 후 "갑상선 떨림은 매우 미세하며 속도도 굉장히 빠르다. 밴고바는 절대 갑상선 이상이 아니다."고 거들고 나섰다.

 뒤통수를 한 대 얻어맞은 듯하다는 시민들의 반응에 경찰의 고민은 이만저만 아니다. 한 경관은 "만약 이 가증스런 할머니가 다시 구걸을 하기 위해 거리에 나온다면 이를 당장 중단시키고 싶지만 법적 근거가 없다."고 말했다. 온타리오주에서는 구걸은 합법적인 행위다.

2002년 3월 24일자 『일요신문』에서 발췌

달걀 속에서 건진 다이아 반지

몇 달 전에 잃어버린 다이아몬드 반지가 달걀 안에 숨어 있다가 모습을 드러낸 이야기이다.

미국 오하이오주 테이턴에 사는 농부의 아내 제니 로린 부인(43)은 얼마 전, 천에 하나 만에 하나 있을까 말까한 일을 경험한 후 아직까지 흥분 상태에서 벗어나지 못하고 있다.

그날 로린 부인은 여느 날과 마찬가지로 남편 조지와 세 아이들의 아침밥을 준비하던 중이었다. 달걀을 프라이팬에 깨어 넣는 순간 쨍그랑 하는 가벼운 금속성 소리가 나기에 들여다보니 반지가 프라이팬에 떨어져 있더라는 것이다.

근착 미국의 『선』지는 이 반지가 로린 부인이 몇 달 전에 잃어버린 바로 그것이라며 동화에서나 나옴직한 일이 현실로 나타났다고 전했다.

"잃어버렸던 내 것임에 틀림없다."는 그녀는 평소 반지가 좀 헐거워 자신도 모르는 사이에 손가락에서 빠져 나가곤 했었다고. 몇 달 전에 반지를 잃어버리던 날도 집안에서 일을 하다가 닭장으로 나가 닭모이를 주고 다시 안으로 들어와서 일을 하다가 또다시 집 안팎을 들락날락하며 일을 하고 난 후에서야 반지가 없어진 사실을 알았다.

그 전에도 이런 일이 있었기 때문에 집안 어디엔가 떨어져 있을 거라고 대수롭지 않게 생각했던 로린 부인은 집안 구석구석을 찾아도 나타나지 않자 조금씩 불안해지기 시작했다.

집안은 물론 마당에서도, 닭장에서도 반지가 보이지 않자 더욱 불안해졌다. "반지가 아깝기도 했지만 18년 동안 한결같이 나를 사랑해 준 남편에게 이 사실을 알려야 한다고 생각하니 미칠 것만 같았다."는 것이 로린 부인의 회상이다.

남편은 아무렇지도 않은 듯이 "잃어버린걸 어떻게 하겠어? 내가 하나 다시 사 줄게."하고 아내를 위로했다.

그 후로도 한동안 누군가의 발부리에 채어 반지가 짠! 하고 나타나지 않을까 하는 기대감을 가지고 있었지만, 그건 희망 사항에 불과했다. 그런데 기적 같은 일이 있어난 것이다.

"아마 닭모이를 주다가 빠뜨린 반지를 암탉이 쪼

아 먹었던 모양이에요. 그것이 배 속에 들어갔다가 달걀에까지 들어가 바깥빛을 보게 됐나봐요."

 로린 부인은 어쩐 일인지는 몰라도 반지가 예전보다 좀 작아졌다며 닭의 배 속에 있을 때 오그라든 모양이라고 말한다.

 그러나 모든 사람이 로빈 부인의 말을 액면가 그대로 믿는 것은 아니다. 닭이 쪼아먹었는데 소화가 안 돼서 나온 것이라면 변에 섞여 있어야 하는데 어떻게 달걀 안에 들어있을 수 있느냐는 것이다. 아마 남편이 아내를 놀래 주려고 장난을 한 것이 아닌가 추측하는 이들도 있다.

잠자는 미녀 덮친
성폭행자 무죄 석방

한밤중 남의 집에 들어가 잠자던 여자를 성폭행하고도 멀쩡하게 무죄로 방면된 운수 대통한 남자의 이야기이다.

최근 네덜란드 법정은 성폭행이 명백해 보이는 한 사나이에게 무죄 판결을 내렸다. 26살의 실라 울먼이라는 여자의 침실에 침입해 잠자던 그녀를 강간한 혐의로 기소된 라스벵센에 대해 "강간이 성립되지 않는다."고 판결한 것이다.

상식적으로 납득되지 않는 판결의 이유로 성행위가 일어나고 있는 동안 울먼 양이 잠에서 깨어나지 않았는데 그 이유가 있었다.

담당 판사 류리 래버 씨는 판결문에서 "강간이 성립되려면 여성이 어쩔 수 없는 상황에서 자신의 의지에 반해 성행위를 했다는 것이 입증돼야 한다."고 전제하고 "이 경우 울먼 양이 계속 자고 있었기 때문에, 명백히 그녀의 의지에 반해서 일어난 일인지 어떤지 판단할 수 없다.”고 강간 혐의에 대한 무죄 판결 이유를 밝혔다.

즉 울먼 양이 잠에서 깨어나 ‘예스’라고 할 수도 있었다는 것이다.

래버 판사는 “피의자가 남의 집에 침입한 것은 명백히 잘못이다. 그러나 강간 부분에 대해서는 법대로 할 수밖에 없다. 유죄 판결을 내릴 근거가 없다.”고 말했다.

성행위 중에 울먼 양이 깨어나 “안돼”라는 한 마디만 했으면, 이 피의자는 철창행을 면치 못했을 것이다. 그런데 어찌된 영문인지 울먼 양은 그 짓을 당하면서도 내내 자고 있었던 것이다.

여성 옹호론자들은 이 판결에 반발하여 판결 무효와 래버 판사의 퇴임을 요구하고 있다.

이런 식의 법 적용은 여성의 인권을 현저히 침해하며 중세 암흑시대로 되돌아가는 행태라고 반박하고 있다. 피해자가 전혀 성행위에 동의한 적이 없으니 전형적인 강간이라는 주장이다.

그러나 법조계는 래버 판사의 판결이 법리적으로는 타당하다는 입장을 보이고 있다. 법률자문가인 스웬 타울렌 씨는 “여자가 계속 잠을 자고 있었다면 반항 하지 않았다는 얘기다."며 "저항한 흔적이 없고 비록 여자가 스스로 인식하지는 않았다고 할지라도 성행위에 반응을 보이며 참여했다는 피의자의 진술도 신빙성이 있다."는 견해를 밝히고 있다.
법정에서 직업 모델인 울먼 양은 다음날 아침 깨어나 옆자리에 낯선 남자가 자고 있는 것을 발견할 때까지도 성행위를 한 사실조차 모르고 있었다고 진술했었다. 울먼 양은 당시 약간의 수면제를 먹고 잠들었던 것으로 밝혀졌다.

도둑을 쫓아낸 벌떼

에릭 파이브스와 그의 아내 파멜라는 자연을 더 없이 사랑하는 사람들이다.

이 두 사람은 1983년에 집을 새로 구입했다. 그리고 며칠 후 자기네 집 벽에 커다란 벌집이 붙어 있는 것을 발견했다. 처음 한동안은 벌이 부부를 공격해 오기도 했지만, 어느 정도의 시간이 지나자 같은 집에 사는 공생 관계라는걸 알았는지 부부에게는 덤벼들지 않았다. 뿐만 아니라 벌들은 부부를 도와 주기까지 하였다.

그런데 최근에 이런 일이 일어났다.

아침에 일어난 파멜라는 죽은 벌들이 벽에 가득히 붙어 있는 광경을 보고 놀랐다. 검게 그을린 벌들의 사체가 2층 창문까지 이어져 있었다. 그녀는 근처의 어딘가에서 화재가 발생한 것이라고 생각하며 온몸을 떨었다.

"벌들은 집 안으로 들어오는 연기를 내몰기 위해

날개를 흔들어 바람을 일으켰나 봐요. 수천 수만 마리나 되는 벌들이 그런 대소동을 벌였던 흔적을 보고 알았습니다. 덕분에 우리는 연기가 나는 줄도 모르고 아침까지 편안히 잠잘 수가 있었어요. 벌들이 연기와 뜨거운 열기를 내몰아 주었기에 망정이지, 만약에 벌들이 없었더라면 불에 타 죽었을지도 모르죠.”

벌들이 부부를 도와준 예는 이번이 처음은 아니다. 몇년 전에는 부부가 외출하고 없는 사이에 빈 집에 들어온 도둑을 쫓아낸 적도 있었다.

“밖에서 돌아와 보니, 거실의 불이 켜져 있고 피아노와 텔레비전을 밖으로 내 가려고 한 흔적이 있었습니다. 그리고 바닥에는 으스러진 벌들이 수북하게 떨어져 있었고요.”

벌은 불빛 쪽으로 모여드는 습성이 있다. 캄캄한 밤중에 실내를 이리저리 살피던 도둑이 켠 불빛을 향해 벌들이 거실로 일시에 들이닥쳤던 모양이다. 필시 도둑은 간담이 서늘해졌을 것이다.

“도둑은 벌들에게 쏘이기만 하다가 결국 아무것도 훔치지 못하고 도망친 것 같아요.”

벌들은 자기들이 공존을 인정한 그 부부 이외의 사람에게는 인정 사정없이 공격을 했다. 어쩌면 개보다도 든든한 파수꾼이라고 말할 수 있다.
 부부는 이제 완전히 벌들의 펜이 되었다. 지금도 부부는 매일같이 그들의 작업 광경을 보면서 즐거워하며 한 가족처럼 지내고 있다.

10
못 말리는 사람들

불러들인 전쟁

제아무리 착하고 어진 사람이라도 일단 남에게서 멸시를 당하고 보면 마음이 기꺼울 수 없는 것이 인간임을 구태여 밝힐 필요는 없겠다.

특히 춘추 전국시대를 살다간 사람들은 원한을 품거나 은혜를 보답하는데 매우 격정적이며 전시적이었다. 은혜를 갚기 위해 선뜻 목숨도 내놓는가 하면, 남에게서 모욕을 당하면 반드시 보복을 했다. 그냥 넘어가는 일이 별로 없었다.

춘추시대 때, 제나라의 제경공이 자기 나라에 온 사신들이 병신인 모습을 무시하고 좀 별난 장난질을 했다가 전쟁까지 불러들인 사건이 있다.

진나라 대부 극극이 노나라에 친선 차 갔다가 그 길로 다시 제나라에 친선하러 가게 됐다.

이에 노나라의 대부 계손 행부도 노후의 분부를 받고 친선 차 극극과 함께 제나라로 갔다.

이들이 제나라 교외에 이르자 역시 친선 차 제나

라로 오던 위나라 대부 손량부와 조나라 대부 공
자인 수와 우연히 만나게 됐다.

　제경공은 이 네 나라 사신을 한 자리에 접견하게
됐는데, 그는 이들을 번갈아 바라보다가 "세상에는
정말 별 재미나는 일도 다 많구나."하며 터지는 웃
음을 겨우 참았다.

　진나라의 극극은 애꾸눈, 노나라의 계손 행부는
털 하나 없는 대머리, 위나라의 손량부는 절름발
이, 조나라 공자인 수는 꼽추였기 때문이었다.

　사지가 온전치 못한 사람은 늘 있게 마련이다.
다만, 그 네 사람을 한 자리에서 보자니까 우스웠
을 것이다. 그냥 그것으로 끝났다면 문제가 없었
는데, 제경공이 홀로 계신 국모인 어머니 소태부
인에게 그 일을 말했더니 소태부인은 믿지 않고
기어이 한 번 보겠다는 것이었다. 문제는 그래서
크게 벌어지고 말았다.

　그 당시 외국에서 사신이 오면 공적인 잔치와 사
적인 잔치를 차려서 대접하는 것이 예법이었다.

　그리고 잔치 자리에 사신을 모셔 오는 수레라던
가 그 수레를 끄는 어자는 반드시 잔치를 베푸는
나라 쪽에서 제공하는 것이 법도였다.

　제경공은 오로지 소태부인을 한 번 즐겁게 해 드

리려는 생각뿐이었다. 그래서 그는 신하들의 간곡한 만류에도 불구하고 백성들 중에서 애꾸눈과 대머리와 절름발이와 꼽추를 골라서 잔치 자리에 참석하는 네 나라 사신들의 수레를 몰도록 했다.

그래 놓고 소태부인에게 그들이 종대 밑을 지나 궁으로 들어올 때, 종대 위에서 방장을 드리우고 그 틈으로 내다보시라고 했다.

애꾸눈 극극은 수레를 모는 어자가 애꾸눈인 것을 보고 처음에는 우연이거니 생각했다. 다른 세 나라 사신들도 각각 어자가 자기처럼 대머리요, 절름발이요, 꼽추였지만, 역시 우연이거니 하고 별로 개의치 않았다. 그런데 한 쌍의 애꾸눈과 한 쌍의 대머리와 한 쌍의 절름발이와 한 쌍의 꼽추가 종대 밑을 지나갈 때 소태부인은 이 괴상한 행렬을 보고 자기도 모르게 크게 웃고 말았다.

그러니 어찌 되겠는가. 그제서야 희롱임을 알게 된 네 나라 사신들의 분노는 대단했다. 이들은 서로 짐승의 피를 입술에 바르고 장차 이 모욕에 대한 앙갚음을 맹세했다. 그리고 제경공에게 하직 인사도 하지 않고 본국으로 돌아가 버렸다.

'독을 마시면 접시까지 먹는다'라는 말이 있다. 드디어 네 나라의 연합군은 크게 일어났다. 연합군의 기세는 그야말로 구름을 날리고 안개를 일으키는 것 같았다. 그들은 곧장 제나라로 쳐들어 왔다.

제나라가 어떻게 이 살기 등등한 연합군을 막아낼 재간을 가지고 있겠는가. 항복하고 화평을 청할 수밖에 달리 길이 없었다.

연합군의 화평조약이 만만치 않아 여러 번 벽에 부딪혔다가 결국 성립이 되긴 했으나, 이 전쟁으로 인해 입게 된 제나라의 손실은 막대했다.

『손자병법』의 첫장에 보면 '전쟁은 나라의 중대한 일이다. 백성의 생사와 국가의 존망이 달려 있다.(兵者國之大事 死生之地 存亡之道)'라고 했다. 이처럼 무서운 재앙으로 역대의 병법가들은 한결같이 전쟁은 하지 말아야 한다고 경고하고 있다.

제경공은 예의를 우습게 알고 건방지게 놀다가 공연히 필요도 없는 전쟁을 불러들여 막중한 군사와 백성들의 재산만 날린 결과를 초래했다.

더구나 불구자를 업신여기고 웃음거리로 장난질을 했다는 것은 인간적으로 용서할 수 없는 망동이다. 불구자의 고통과 비애를 아파할 줄 모르는 사람이 어떻게 만백성의 군주로서 덕치를 할 수 있겠는가.

약속은 어디까지나 약속

  개척시대의 미국에 존 스튜어드라는 유명한 승부사가 있었다. 그는 서부를 휩쓸며 일세를 풍미했지만, 말년에 몹쓸 병에 걸려 가까스로 고향에 돌아와 시름시름 앓았는데, 어느 날 의사로부터 밤을 넘기지 못할 것이라는 최후의 선고를 받았다.

  그러자 그는 의사에게 불쑥 말했다.

  "의사 선생, 만일 내가 오늘밤을 넘기면 어떻게 하겠소? 내 재산을 모두 걸 테니 내기를 한 번 해 볼까요?"

  "내, 내기라고요?"

  의사는 어이없어 했지만 전부터 존 스튜어드의 낙천적인 성격을 잘 알고 있었던 터라 곧 임종할 환자의 기분을 편하게 해주기 위해 내기에 응했다. 그런데 존 스튜어드는 그의 말대로 자정을 넘기지 못하고 죽어 버렸다.

  하지만 주위 사람들은 그것을 농담과 마찬가지인

내기라고 생각했다. 설사 자정이 지나 사망했어도 존 스튜어드가 의사에게 전 재산을 내놓으라고 요구하지는 않았을 것이라고 말하며……

한데, 존 스튜어드는 놀랍게도 자신이 내기에 졌을 경우 전 재산을 의사에게 주라는 유언장을 미리 만들어 놓았던 것이다. 뿐만 아니라 그의 아들도 아버지의 기질을 물려 받았는지 완강히 거절하는 의사에게 아버지의 전 재산을 넘겨 주었다.

말도 안 되는 꾸며 낸 이야기 같지만 사실이다. 미국의 역사를 살펴보면 윌리엄 스튜어드라는 유명한 정치가가 있는데, 그가 바로 승부사 존 스튜어드의 유언을 실행한 아들이다.

윌리엄 스튜어드가 빈털터리가 된 채 의원 선거에 출마하자 많은 유권자들이 표를 찍어줘 그는 순조롭게 당선되었다고 한다.

그는 그 후에도 4번이나 연이어 국회의원에 당선되었으며 주지사가 되어 훌륭한 정치가로서의 이름을 남겼다. 매우 멋진 부자지간이라고 생각된다.

아무리 하찮은 약속이라도 책임질 의무를 다한 존 스튜어드와 윌리엄 스튜어드, 두 사람 모두 진짜 남자(?)들이었던 것 같다.

사이버 간통한 남편 폭탄으로 응징

아내 몰래, 혹은 남편 몰래 컴퓨터 통신으로 외간 남자나 외간 여자와 농담 따먹기나 하면서 시시덕거리는 사람이 있다면 이쯤에서 그만두는 것이 좋겠다. 까딱하다가는 손을 잃거나 '가상 간통'으로 이혼 당할지 모르기 때문이다.

최근 미국 로스앤젤레스에서는 인터넷을 통해 얼굴을 한 번도 본 적이 없는 여자와 성적인 내용이 담긴 통신을 주고받던 한 남자가 두 손이 잘리고 얼굴에 큰 상처를 입는 사건이 일어나 화제가 되고 있다.

근착 미국의 『위클리 월드 뉴스』지가 전하는 바에 따르면 이 사건의 범인은 피해자의 아내였다.

중상을 입고 오랫동안 서드 캘리포니아 병원에 입원했던 프레드 생크마이어 씨는 오로지 손끝을 몇 번 잘못 놀린 결과로 다시는 돌이킬 수 없는 장애자가 되고 말았다.

평소 컴퓨터 통신을 좋아하던 생크마이어 씨는 인터넷을 통해 한 여성을 알게 되고 성적인 내용이 담긴 대화를 나누어 왔다. 문제는 이 전자우편을 프린트해서 자기 책상 위에 놓아 두었는데, 그만 아내 로이스 생크마이어 부인(24)의 눈에 띄고 만 것이다.

격분한 생크마이어 부인은 자기 친구의 남자 친구를 찾아가 도와 달라고 요청했고, 그 친구의 남자 친구는 그다지 정교하지도 않은 파이프 폭탄을 구해 줬다. 설치법을 배워 온 생크마이어 부인은 남편이 컴퓨터를 켜기만 하면 터지도록 설치를 했고, 여느 때나 다름없이 컴퓨터 앞에 앉았던 생크마이어 씨는 도대체 뭐가 터지는 것인지도 모르는 상태에서 양 손을 잃고만 것이다.

경찰은 "금속 파편이 피해자의 얼굴에 박혀 중상을 입고 사고 직후 의사들이 두 손에서 떨어져 나간 손가락 접합수술을 했으나 다시는 컴퓨터의 키보드를 누를 수 없게 됐다."고 밝혔다.

이와 관련, 『월드 뉴스』지는 인터넷 출현 후 정보고속도로를 통해 익명의 남녀간에 에로틱한 편지들이 오고간다고 밝혔다. 아직 폰섹스처럼 대중화된 단계는 아니지만, 그렇게 될 날이 그리 멀지

않았다고 전망했다. 그 예로 이번 생크마이어 씨
의 사건이 최근 몇 달 사이에 두 번째로 일어난
'사이버그 섹스' 사건이라는 점을 들었다.

 첫 번째 사이버그 섹스 사건은 뉴저지의 존과 다
이앤 고이던 부부. 전 세계 토픽란을 장식하기도
했던 이 사건은 고이던 부인이 외간 남자와 외설
스런 내용의 전자우편을 교환하자 격분한 남편이
이혼 소송을 제기한 것이다.

 고이던 씨는 아내의 행위가 가상 섹스라 하더라
도 간통은 간통이라면서 더 이상 가정을 꾸려 갈
수 없다고 밝힌 바 있다.

변강녀 할아버지 유허

'정력이 절륜한 것도 죄가 됩니까?'

최근 74세된 할아버지가 '사랑을 너무 시끄럽게 한 죄'로 7일간 유치장 신세를 졌다고 해서 화제다.

근착 미국의 주간지 『이그재미너』는 브라질의 한 노인이 젊은 여성 수백 명과 성행위를 해 뭇 남성들의 부러움과 지탄을 동시에 받고 있다고 전했다.

화제의 주인공은 리우 데 자네이로에 사는 알빌리오 노구에라 파리아 할아버지. 이곳 경찰은 그의 '사랑놀이'가 너무 시끄러워 안면을 방해하고 어린아이들 보기가 낯뜨겁다는 이웃 주민들의 불평어린 신고를 받고 파리아 할아버지의 아파트를 수색한 결과 엄청난 양의 물증(?)을 찾아냈다고 밝혔다.

전직 교수인 이 할아버지는 무려 여성 334명과 사랑을 나누는 장면을 비디오 테이프에 담아 보관하고 있었던 것이다.

경찰에서는 혹시나 이들 여성들 중에 강제로 추행이나 성폭행을 당한 여성이 있지 않을까 하고 1주일 동안 구속 수사했으나 혐의점을 찾지 못해 풀어 주었다.

"성폭행? 그런걸 왜 합니까? 나를 간절히 원하며 내 집 현관문을 두드리는 여성이 하루에 15명도 넘는데……. 이웃 사람들은 나더러 더러운 노인이라며 흉을 보지만 그건 모르는 말씀입니다."

여자들 뿐만 아니라 유익한 조언을 듣고 싶어하는 남성들의 방문도 끊이지 않는다고 밝힌 파리아 할아버지는 자신은 결코 섹스 중독증 환자가 아니라고 변명하면서 "단지 나이에 비해 육체적으로나 정신적으로 좀 더 활발한 성생활을 할뿐"이라고 강조했다.

'테이프에 담긴 여성만 3백여 명이라면 그가 상대한 여성이 모두 몇 명이나 될까' 하고 추측하면서 스스로 기가 죽는 젊은이들에게 그는 이렇게 얘기해 주며 한 번 더 기를 죽인다.

"한 번도 내 스스로 여자 사냥에 나선 적이 없습니다. 나와 잠자리를 같이 했던 여자들의 입에서 입으로 소문이 퍼져나가 나를 찾은 것 뿐입니다."

열두 번 시도 끝에 남편을 죽인
악녀의 집념

“여자에게 있어서 결혼은 취직이다.”라는 말이 있지만, 캐롤 허지스(25세)에게 있어서 결혼은 살인의 전주곡에 지나지 않았다.

미국 켄터키 출신의 시골뜨기 해군 상사였던 데이비드 허지스(23세)와 결혼한 그 날부터 그녀는 남편을 죽이고 유산과 보험금을 손에 넣는 일만을 생각하고 있었기 때문이다.

캐롤에게는 공범이 있었다. 강제로 범행에 끌어들인 친구 마사 데퓨이다. 그녀들은 열두 번이나 데이비드를 살해할 계획을 세웠으며 일곱 번을 실행에 옮겼는데, 열두 번째에 가까스로 남편 살해에 성공하는 악마와 같은 집념을 보였다.

다음은 캐롤이 세운 남편 살해 계획이다.

첫 번째—운전 실수로 가장하여 치어 죽인다.

데이비드의 몸놀림이 빨라 옷을 스치는데 그쳤

다.

　두 번째―독을 파이에 섞어서 독살한다.

　그 날 데이비드는 배 속이 좋지 않아서 파이를 입에 대지도 않았다.

　세 번째―아침 식사인 토스트에 환각제를 넣어 출근하는 남편이 어지러워서 교통사고로 죽게 한다.

　잠꾸러기인 데이비드가 급해서 커피만 마시고 토스트는 거들떠보지도 않은 채 허겁지겁 출근했다.

　네 번째―잠들어 있는 남편의 정맥에 주사기로 공기를 주입시켜 죽인다.

　멜론과 레몬으로 연습을 했지만, 주사기가 깨져서 중단.

　다섯 번째―독약으로 독살한다.

　검시에서 발각될 것으로 판단하고 중단.

　여섯 번째―강도가 든처럼 가장하여 죽인다.

　경찰의 끈질긴 심문에 이것저것 답변하는 게 큰 일이기 때문에 중단.

　일곱 번째―샤워를 트는 순간 감전사시킨다.

　전기의 배선이 너무 복잡해서 중단.

　여덟 번째―독사를 남편의 침대에 넣는다.

　독사를 구하지 못해서 중단.

아홉 번째—자동차 배터리에 폭탄을 장치해서 폭
사시킨다.

배터리가 소모되어 데이비드는 버스로 출근.

열 번째—샤워하는 물에 껍질을 벗긴 전선을 집
어 넣어 감전사시킨다.

데이비드는 전선을 목욕 타올로 말리고 아무 일
도 없었다는 듯이 욕실에서 나왔다.

열한 번째—아파트의 3층에서 현관으로 들어오는
남편의 머리를 향해 콘크리트 덩어리를 떨어뜨려
죽인다.

콘크리트 덩어리가 빗나가자 데이비드가 방에 들
어왔을 때 캐롤은 조용히 커피를 마시고 있을 수
밖에 없었다.

열두 번째—수면제로 잠들게 하고 철봉으로 머리
를 쳐서 죽인다. 그런 다음 살그머니 강물에 버린
다.

이 열두 번째 최후의 살인 계획으로 그녀는 마침
내 성공.

1978년 10월에 캘리포니아주 샌디에고 재판소는
극악무도한 캐롤에게 종신형, 마사에게는 징역 20
년의 중형을 언도했다.

머리카락 밧줄로 탈옥

'이가 없으면 잇몸으로, 밧줄이 없으면 머리카락으로!'

기괴한 헤어 스타일로 눈길을 끌거나 땅바닥에 질질 끌릴 만큼 머리를 기르는 등 머리카락에 관한 희한한 이야기들은 해외 토픽을 통해 흔히 들려오는 소식이다.

최근 스페인에서는 머리카락을 밧줄로 꼬아 교도소를 탈출한, 역사상 가장 놀랄만한 '머리카락 탈옥사건'이 발생하여 교도소 관계자들을 곤경에 빠뜨렸다.

미국의 주간 『월드뉴스』지 최근호는 스페인의 마리아 차베스(41)라는 여성이 무려 5.79미터에 이르는 머리카락 밧줄을 땋아 교도소를 유유히 빠져나간 기상천외한 사건이 벌어졌다고 전했다.

『뉴스』지에 따르면 차베스는 1974년 남편과 그의 정부를 살해한 죄로 종신형을 선고받아 악명 높은 코르테즈 여성전용 교도소로 이송됐다. 그리고 코르테즈라는 이름 대신에 악마의 성으로 불리는 이 교도소의 황폐한 4층탑 꼭대기에서 20년을 보낸 뒤인 어느 날, 차베스는 온 데 간 데 없이 자취를 감췄다.

탈출에 성공했다는 사실만으로도 교도소 당국자들을 충분히 경악시킨 이번 사건은 탈출 도구가 다름아닌 '머리카락'이었다는 사실이 알려지면서 스페인 국민들에게 최대의 화제거리로 부상했다.

13년 동안 스페인의 교도소 제도에 관해 연구해 온 미구엘 오르테가 박사는 "지금까지의 교도소 탈출 사건 중에서 가장 대담하고 기발하다."며 혀를 내둘렀다.

오르테가 박사의 추정에 의하면 차베스는 6개월마다 정규적으로 자른 머리카락을 꼼꼼히 엮어 장장 5.79미터에 달하는 '머리카락 밧줄'을 완성시켰다. 연평균 성장하는 머리카락 길이는 15.24센티미터 자신의 머리카락만으로는 너무나 오랜 세월이 걸릴 일이었기에 차베스는 동료 죄수들의 머리카락까지 총동원했고 금쪽같이 모은 머리카락을 좀먹은 매트리스 밑에 숨겨둔 채 밤마다 비밀스럽게 머리 꼬기에 열중했다.

　그리고 머리카락 밧줄이 완성된 며칠 뒤 그녀는 밤의 어둠을 틈 타 교도소를 빠져 나갔다. 바닥까지 닿지는 않았지만 내려올 수는 있었을 것이라고 교도소 관계자는 밝혔다.

　"차베스는 간수들이 가구를 닦을 때 쓰는 왁스를 엮은 머리카락 위에 발라 탄탄하게 만들었습니다."

　차베스 탈출 사건이 보도된 뒤 코르테즈 교도소 측은 당장 붙잡아야 할 탈주범을 마치 여자 영웅처럼 미화시키고 있다면서 언론을 맹비난하고 나섰다.

　그러나 정작 국민들은 은근히 차베스가 체포되지 않기를 바라는 눈치여서 '머리카락 탈출사건'은 성공작으로 역사에 기록될 가능성이 높아지고 있다고 『뉴스』지는 덧붙였다.

쉬어가는 책 01

인터넷, PC방에도 없는 별난 이야기

초판 1쇄 | 2003년 2월 20일

엮 은 이 | 김 영 진
펴 낸 이 | 홍 철 부
펴 낸 데 | **문 지 사**

등록일자 | 1978년 8월 11일
등록번호 | 제 3-50호

주   소 | 서울특별시 은평구 갈현1동 422-4
전   화 | 마케팅 (02) 386-8451
                    (02) 386-8452
         편 집 (02) 382-0026
         팩 스 (02) 386-8453

책   값 | **값 6,500원**
※ 잘못된 책은 구입하신 곳에서 바꾸어 드립니다